살피지 않으면 보살필 수 없다

살피지 않으면 보살필 수 없다

발행일   2022년 10월 06일

지은이   오윤정
펴낸이   손형국
펴낸곳   (주)북랩
편집인   선일영   편집   정두철, 배진용, 김현아, 장하영, 류휘석
디자인   이현수, 김민하, 김영주, 안유경, 최성경   제작   박기성, 황동현, 구성우, 권태련
마케팅   김회란, 박진관
출판등록 2004. 12. 1(제2012-000051호)
주소   서울특별시 금천구 가산디지털 1로 168, 우림라이온스밸리 B동 B113~114호, C동 B101호
홈페이지 www.book.co.kr
전화번호 (02)2026-5777   팩스   (02)2026-5747

ISBN   979-11-6836-515-5 03190 (종이책)   979-11-6836-516-2 05190 (전자책)

(주)북랩 성공출판의 파트너
북랩 홈페이지와 패밀리 사이트에서 다양한 출판 솔루션을 만나 보세요!
홈페이지 book.co.kr   •   **블로그** blog.naver.com/essaybook   •   **출판문의** book@book.co.kr

작가 연락처 문의 ▶ ask.book.co.kr
작가 연락처는 개인정보이므로 북랩에서 알려드릴 수 없습니다.

관계 테라피스트 오윤정의 다채로운 마음 회복 비법

살피지 않으면
보살필 수 없다

오윤정 지음

 북랩

살피지 않으면 보살필 수 없다

세상에는 하늘에 뜬 별의 숫자만큼 많은 직업이 존재한다. 세상이 바뀌면서 새로운 직업도 끊임없이 탄생한다. 하물며 지금 내가 하는 일도 앞으로 어떤 직업으로 진화할지 예측하기 어렵다. 기존 직업이 사라지기도 하고 새로운 직업이 떠오르기도 한다. 이런 변화를 주도하는 거대한 흐름 중의 하나가 인공지능이 이끌어 가는 4차 산업혁명이다. 인간이 만든 기계지만 그 기계가 인간의 사고방식을 규제하고 일하는 방식을 혁명적으로 바꿔 놓고 있다. 이런 변화의 소용돌이 속에서 살아남으려면 인공지능이 할 수 없는, 인간의 고유한 능력이 무엇인지를 찾아보고, 그걸 개발하기 위해 어떤 노력을 기울여야 할지 미리 준비해야 한다. 인공지능은 잘할 수 있지만 인간의 영역으로 넘보기 어려운 측면은 어떤 능력일지를 고민하지 않을 수 없는 이유다.

이 책을 쓴 오윤정 작가는 오랫동안 간호 현장에서 환자를 돌보면서 또 한편으로는 의사와 협업을 하는 와중에 보고 느낀 점을 특유의 현장 감각으로 유쾌하면서도 동시에 의미심장한 스토리로 엮어 내고 있다. 간호사는 환자와 의사 사이에 다리를 놓는 매개체 같은 역할을 하면서도 의사와 환자가 주고받을 수 없는 아픔과 괴로움을 가까운 거리에서 소통하는 보기 드문 직업이다. 가장 객관적인 입장에서 의사의 진료를 도와주는 사람인 동시에 환자가 겪는 아픔을 온몸으로 겪어내며 공감하는 민감한 사람이 바로 간호사다. 의사가 주로 환자의 병을 치료하는 사람이라면 간호사는 환자의 아픔을 치유하는 사람에 가깝다. 물론 의사가 동시에 치료와 치유를 하기도 한다. 하지만 의사의 치료행위로 부족한 일면을 간호사가 치유하면서 위로하고 격려하며 희망과 용기를 북돋아 준다. 의사도 환자를 살펴보고 진료를 하지만 의사보다 더 가까이에서 보다 오랫동안 환자를 보살펴 주는 사람이 바로 간호사다.

의사의 치료행위는 로봇이나 인공지능으로 대체할 수 있지만 간호사의 보살핌은 오로지 사람이 함으로써 환자를 더욱 따뜻하게 위로해줄 수 있다. 오윤정 작가는 의료 현장에서 수많은 환자와 대면 접촉하면서 겪은 인간관계의 애환을 평범하지만 비범한 문제의식으로 파고들어 같은 아픔을 겪는 환자는 물론 동료 간호사들에게도 귀감이 될 수 있는 삶의 지침서 같은 고뇌의 산물을 만들어 냈다. 간호사라는 업의 본질은 단순히 환자를 살펴보는 게 아니라 보살피는 아낌의 미덕을 몸소 실현하는 데에서 찾을 수 있다. 평소 환자를 잘 살피지 않으면 절대로 보살필 수 없다. 살핌이 객관적 입장에서 환자 상태를 적당한 거리를 두고 관찰하는 행위라면 보살핌은 환자와 보다 가까운 거리에서 관

　　　　　　　　　　　　　　살피지 않으면 보살필 수 없다

심과 애정을 갖고 돌보는 치유다. 오윤정 작가의 책은 간호사의 업의 본질이 살핌을 넘어 왜 보살핌인지를 몸으로 증명하고 있으며, 직접 겪어 낸 환자와 의사 사이에서 맺어지는 인간관계의 본질과 핵심이 곳곳에 언어로 표현할 수 없는 사연을 품고 기다리고 있다.

직업 중에서 '事'나 '士', '師'로 끝나는 직업이 있다. 그 차이가 궁금해서 몇 가지 사례를 찾아보았다. 예를 들면 판사(判事), 검사(檢事), 변호사(辯護士), 석박사(碩博士), 명사(名士), 운전사(運轉士), 집사(執事), 군사(軍士), 기사(技士), 신사(紳士)처럼 '事' 혹은 '士'로 끝나는 경우가 있다. 한편 의사(醫師), 약사(藥師), 교사(敎師), **간호사(看護師)**, 요리사(料理師), 목사(牧師), 대사(大師), 강사(講師)처럼 '師'로 끝나는 직업이 있다. 똑같은 우리말 '사'로 발음되지만 한자는 엄연히 다르다. 결론부터 말하면 간호사(看護師)는 '스승 사'로 끝난다. 지식을 무기로 단순 반복하는 노동에 가까우면 사(事)로 끝나는 직업이고, 일정한 자격 기준을 통과한 사람이 법적으로 인정되는 자격증을 갖고 있는 사람에게는 사(士) 자가 붙는다. 간호사처럼 '스승 사' 자로 끝나는 직업은 앞의 '事'와 '士'와 다르게 머리보다는 가슴, 지식보다는 지혜가 더 요구되는 직업군이 많다. 간호사에게도 환자 상태에 따라서 다르게 처방해 주는 매뉴얼이 존재한다. 하지만 똑같은 질병이나 질환을 앓고 있는 사람도 오늘 다르고 내일 다르다. 매번 다른 상태의 환자를 만나는 간호사에게 가장 소중한 능력은 환자의 아픔을 사랑하면서 나의 아픔처럼 온몸으로 공감하는 능력이다.

오윤정 작가의 책을 읽다 보면 간호사라는 업의 본질이 무엇인지를 알리듯 간호 현장에서 몸으로 깨달은 각성이 소리 없는 아우성처럼 들린다. 하루도 쉽지 않은 간호 업무를 하면서도 가슴으로 다가왔던 환자와의 관계, 간호 업무의 본질상 의사와 어쩔 수 없이 맺을 수밖에 없는 불편한 인간관계의 본질을 가감이나 삭제 없이 육감적인 필체로 녹여 내고 있다. 너무 힘들어서 지금 하고 있는 일을 포기하고 싶은 간호사, 그럼에도 불구하고 자신의 길은 환자의 아픔을 사랑하는 일에 있다고 소명의식을 느끼는 간호사는 물론, 직업적 정체성을 찾지 못하며 끝을 모르고 방황하는 여타 다른 직업군의 사람들. 그들에게 이 책은 절박하고 절실한 오늘을 온몸으로 살아내면서 그래도 살아가야 한다는 메시지를 처절하게 제시하고 있다. 이것이 내가 이 책을 읽고도 좌절과 절망의 늪에서 헤어 나오지 못하는 사람이 없다고 확신하는 이유다. 힘들고 어려운 시기에 이 책은 해안선 밖에서 격랑의 파도를 겪으면서 항구로 안내해 주는 등대처럼 우리에게 다가올 것이다.

한양대 교수, 지식생태학자

유영만

살피지 않으면 보살필 수 없다

시간의 색깔은 자신이 지향하는 빛깔로 간다

> "당신을 모르고 100년을 사는 것보다 당신을 알고 지금 당장 죽는 게 나아요."
>
> -영화 〈포카혼타스(pocahontas)〉 중에서

『시간의 색깔은 자신이 지향하는 빛깔로 간다』는 박석준 시인의 시집이다. 시인은 선천성 질병이 있었고, 군사 독재 정권 치하에서 옥고를 치른 두 형, 가족의 가난과 고통을 비롯해 전교조 현장에서 느낀 자신의 경험을 토대로 개인과 시대의 아픔을 녹여 시로 엮었다. 민주주의를 향한 염원과 힘겨운 싸움의 내용이 담겨 있다. 그 어렵고도 어두운 환경과 시간을 지나서 반드시 자신이 지향하는 밝은 빛깔로 나아가겠다고 말한다. 내가 쓰고자 하는 것은 나의 시간의 색깔이며, 함께 상호작용했던 다른 색깔과의 관계에 대한 이야기다. 과거에 내가 보낸 시간들이 나의 색깔로 칠해졌고, 내가 지향하는 미래의 빛깔로 현재를 살아가고 있다. 나는 나의 컬러를 통해 나를 이해하고, 상대방을 이해하며, 우리가 같이 저마다의 방식으로 살아가는 인간관계에 관한 진술한 이야기를 하고 싶다.

나는 누구인가? 이 세상에서 가장 근본적이며 근원적인 질문이다. 인간의 근본적인 정체성을 물어보는 질문일수록 사람들은 평상시에 관심을 갖지 않는다. 가장 소중하면서도 어려운 질문일수록 관심을 갖고 던지지 않는다. '과연 나는 누구인가'에 대해 명료한 대답을 할 수 있는 사람은 몇이나 될까? '나는 누구인가'라는 질문에는 하나의 정답만 존재하지 않는다. 인생을 살아가는 시기별로 나는 늘 어제와 다른 나로 변신을 거듭하기 때문이다. 이 세상을 살아가면서 꼭 만나야 할 사람은 나 자신임에도 불구하고 우리는 나 아닌 다른 사람을 만나면서 살아간다. 소크라테스도 '너 자신을 알라'고 했고 '모든 사람은 자기 자신에 대해 가장 먼 존재'라고 니체가 말했다. 내가 나의 삶을 살고 있음에도 불구하고 내 삶을 살아가는 주체인 나를 모르고 살아간다는 말이다. 나를 알기 위해 많은 시간을 투자해서 공부를 하지만 어디에서도 '나'를 가르쳐 주진 않는다.

내가 누구인지는 나를 드러내는 컬러가 무엇인지를 아는 길과 통한다. 컬러를 알면 그 사람만이 지닌 고유한 개성이 드러난다. 모든 사람은 다 색깔이 있다. 색깔도 형형색색이다. 십인십색(十人十色)이라는 말이 있다. 생각이나 취향(趣向)이 사람마다 모두 다르다는 이야기다. 생각이나 취향이 다른 이유는 저마다 선호하거나 지향하는 컬러가 다르기 때문이다. 본색(本色)도 본디의 빛깔이나 생김새를 지칭한다. 사람은

살피지 않으면 보살필 수 없다

저마다의 고유한 본색을 갖고 있다. 본색이 드러날 때 그 사람의 본질과 정체성이 드러나는 것이다. 타고난 컬러가 있고, 환경과 교육에 의해 길러지는 컬러가 있다. 본색이 채색되면 다른 색깔로 변신을 시도하기도 한다. 저마다의 색깔로 살아가는 삶의 빛깔을 통해 나를 알아보는 시간을 갖고자 한다.

　나에게는 선천적으로 타고난 에너지와 컬러가 있고, 사랑하는 가족과 지인들 관계 속에서 주고받는 에너지가 있다. 간호사라는 직업을 갖고 환자와 보호자를 만나 의사와의 미묘한 관계 속에서 겪은 각양각색의 인간관계를 풀어내 보려 한다. 나를 찾아가 보려는 자기다운 염원과 나다움을 향한 열정을 담으려 했다. 저마다 다른 컬러로 본색을 드러내지만 각자가 품고 있는 어두운 그림자의 사연을 통과하면서 내가 지향하는 빛을 찾아보고자 한다. 내가 관계에서 지향하는 것은 다른 컬러들이 좌충우돌 만나는 과정을 있는 그대로의 색깔로 봐 주고, 이해와 수용을 거쳐 마침내 찬란한 빛깔로 빛나는 존재임을 기억하는 것이다.

　시간의 색깔이 저마다의 빛깔로 드러나는 과정을 살펴보기 위해서는 우선, 모든 관계의 시작이자 주체인 나는 나답게 살고 있는지 물어봐야 한다. 그리고 인간과 인간 사이에서 형성되는 인간관계를 사이 전문가 간호사에 비추어 생각해 보는 시간을 갖는다. 마지막으로 관계를 통해 만들어 가는 우리라는 공동체 속에서 일리 있는 관계를 만들어 가면서 추구하는 아름다움, 미완성의 인간관계를 살펴보려고 한다. 살펴보기란 어떤 것을 주의 깊게 들여다보고, 다양한 각도와 관점에서 관찰하거나 지켜보는 것이다. 관심과 애정을 갖고 세심하게 지켜보면 알 수 있다. 사람들은 모두 자기만의 시간을 통해 자기다움을 찾아간다. 자기만의 시간을 만들어 가는 과정에서 겪는 숱한 사연들을 펼치고 되새겨 보면서 살아가는 의미를 반추해 보는 게 아름다운 인생이다. 지구상에 존재하는 모든 생명체는 성장하기 위해서 이곳에 왔다. 풀도 나무도 자라고 모든 생물도 자란다. 우리가 할 일은 세상의 모든 것을 기꺼이 경험하고 느끼고 배우며 감사하는 것뿐이다. 누구를 위해서가 아닌 나다운 컬러로 나답게 살아가는 시간을 갖는 게 가장 행복한 삶이다. 그 시간을 어떻게 채울 것인가 선택은 당신의 몫이다.

내가 누구인지 알고 사는 사람은 드물다. 내가 누구인지, 나는 무엇을 지향하며, 살아가는 이유가 무엇인지를 끊임없이 질문을 죽을 때까지 던지며 사는 존재가 인간이다. 내 색깔대로 살아가는 내 삶의 고유한 존재 방식에 대해 알아 가는 과정은 곧 내가 누구인지를 알아 가는 배움의 시간이다. 세상에서 살아간다는 것의 의미는 나로 시작해서 나로 끝난다는 뜻이다. 신생아실에서 울면서 태어나서 웃으면서 인생의 마지막을 인사하며 작별하는 삶이다. 내가 나와의 관계가 좋으면 너와의 소통도 잘 될 것이고, 우리의 관계도 좋아진다. 평상시에는 잘 모르지만 우리는 저마다 타고난 에너지가 있다. 그 에너지는 저마다 독특한 컬러 DNA가 결정하며, 컬러 DNA는 우리들의 운명을 결정하는

살피지 않으면 보살필 수 없다

DNA가 된다. 나만의 색깔을 드러내는 나의 고유한 탄생 코드와 소통 코드를 컬러를 기반으로 알아보자. 다시 말하지만, 내가 나를 아는 것이 소통의 시작이다.

팀 패스파인더가 부른 〈오늘처럼 놀라운 내일을〉에는 이런 가사가 나온다. "내 안의 작은 날갯짓을 따라 / 새롭고 놀라운 그곳을 향해서 / 새로운 오늘이 / 내 몸을 깨워 날아오르게 해." 내 안에서 잠자고 있는 컬러 본능을 흔들어 깨워 나의 본색이 드러나면 나는 오늘처럼 놀라운 내일을 맞이할 것이다. 나만의 본색을 탐색하는 사색 여행을 통해 나만의 컬러 DNA를 알아내고, 컬러를 기반으로 사이가 좋은 인간관계를 구축하는 비결을 함께 모색해 보자.

목차

I. 관계의 시작, 나는 나답게 살고 있는가?

II. 관계의 사이, 간호사는 사이 전문가인가?

Ⅲ.　관계의 미완성, 우리는 일리 있는 관계인가?

관계의 시작,
나는 나답게 살고 있는가?

01

관계 맺음의 중심이자 출발,
나는 누구인가?

경험한 만큼, 아는 만큼 보인다고 했다. 나는 얼마큼 경험했고, 얼마나 알고 있는지를 반성하게 된다. 이런 질문을 받으면 언제나 '부족하다'라는 말이 먼저 나온다. 나는 항상 부족하다고 생각하고 느껴 왔다. 이 느낌은 어디에서 왔을까? 예쁜 동생과의 비교에서 시작된 열등감, 대학 입시에서의 실패감, 학창 시절 리더로서의 좌절감, 하고 싶은 것이 무엇인지 모르는 무력감, 적당히 미지근하게 살았던 무미건조함, '착하다'라는 사람들의 평가에 맞추기 위해 진짜 나를 외면했던 시간들이 쌓여 나는 늘 부족하다고 생각했다. 부족하다는 생각과 경험이 나를 실패자로 모는 쪽으로 각인시켜 왔다. 하고자 하는 일들을 하다가 핑계와 합리화로 얼버무리기 일쑤였다. 그런데, 전혀 다른 나의 모습도 있다. '완벽하다'라는 이미지다. 여우구슬도 아닌 것이, 내 안에 뭔가 있어서 내가 누구인지를 말해 주는 게 있었다. 주인집 딸이었고, 사랑받는 첫째였고, 칭찬받는 학생이었고, 인기 있는 친구였다. 나의 아우라는 나도 모르는 사이에 여기저기 소리 없이 나타났다. 무엇을 하지 않아도 이미 그럴 만하다는 것을 나에게 속삭여 주는 내 안의 소리가 있었다. 그것을 믿지 않아서 그렇지. 내가 생각하는 나, 내가 모르는 나, 남이 아는 나. 내 속에 내가 너무나도 많다. 관계의 첫 단계, 나와의 관계를 진심 어린 눈으로 보살펴야 비로소 나의 진면목이 드러나는 법이다.

관계의 시작,
나를 아는 것에서 시작된다

심리검사의 한 종류로 사람을 그리는 검사가 있었는데, 다른 건 다 기억이 안 나는데 매번 귀를 안 그렸다는 것이 그때는 충격이었다. 나는 내가 잘 듣는다고 생각했다. 그런데 귀가 없는 내 모습을 보고 '지금까지 내가 귀가 닫힌 사람이었나?' '사람들의 소리를 듣고 있었던 것인가?' 자문하게 되었다. 만약에 사람들이 나에게 다른 사람 이야기 좀 잘 들으라고 얘기했다면 상처로 전달되었을지도 모르지만, 정확히 내가 그린 내 모습을 바라보고 내 상태를 내가 깨달았을 때는 느낌이 달랐다. '아, 내가 듣고 싶은 대로 들었던 사람일 수 있겠다.' '귀를 닫았을 수도 있겠다.'라고 인정이 되었다. 그러니 그간 지나갔던 수많은 일화가 나의 이런 모습과 잘 맞춰졌다. 누군가 말을 하면 만화 속 캐릭터인 사오정처럼 다른 뜻으로 알아듣고 행동한 적이 있어 엉뚱하다는 말을 들었던 것이었다. 다 이해했다고 생각했는데 해석이 달라 서로 오해할 뻔한 일도 내가 귀담아들은 것이 아니고 내가 원하는 대로 해석을 했다는 사실을 뒤늦게 깨달았다.

생각해 보니 내가 제대로 듣지 못하나 싶어 청력검사를 한 적도 있었다. 신체적으로 정상이었지만 나의 생각과 감정에 갇혀 밖을 보지 못했다는 생각이 들었다. 나에게 관심이 더 기울어 밖으로 향해야만 하는 주의력이 빠져나가지를 못해 주위와 어울리지 못했던 것이 아닐까 한다. 알고 나니 웃기고, 인정하고 나니 참 가벼웠다. 이제는 그림 그릴 때 일부러 귀를 크게 그린다. 가족들에게 나에게는 이상하게 듣는 버릇이 있으니 못 알아들으면 다시 얘기해 달라고 우스개로 이야기하니 같이 웃을 수 있었다. 내가 못마땅하게 생각하는 부분을 인정해 버리고 나니 감추지 않고 솔직하게 대할 수 있어서 가볍고 편했다. 인정한 후에야 같은 실수를 반복하지 않고 새롭게 시작할 수 있다.

나는 관계를 잘못 맺고 있었다. 특히 '나'와 두드러지게 말이다. 나와 싸우고 수많은 시간을 나를 모르고 살았다. 내가 나를 좋아하지 않고, 바로 여기 있지 않으며, 내가 나이지 않고, 내가 하지 않으며, 내가 결정하지 않으며 내가 주인이지 못했다. 이 모든 것의 결과가 나의 것이 반영된 것임을 알지 못했다. 미국 자기 계발 프로그램을 할 때, 내가 가장 힘들어하는 사람은 나였다. 함께 공부하는 사람들은 부모 탓, 형제 탓, 친구 탓, '탓탓탓'을 하는데 나에게 용서하지 못할 사람은 오직 한 사람뿐이었다. 바로 나였다. 모든 관계의 시작은 나와의 관계이

살피지 않으면 보살필 수 없다

다. 나와 관계가 좋지 않은 사람이 어떻게 타인과 좋은 관계를 유지할 수 있겠는가?

미국 자기 계발 프로그램 중 생각나는 연습들이 있다. 화해의 언덕 오르기다. 숲길이나 계단을 오르면서 한 걸음 한 걸음 의도적으로 걸으면서 화해를 하는 연습이다. 주로 나는 나와 화해를 하는 시간이었다. 나를 부정하고 나를 비하하는 마음의 시끄러운 소리들, 마음의 짐들을 털어놓는 시간, 해야 하는데 하지 않았던 일들 털어놓으면서 목표 지점에 이르면 시간의 흐름을 생각하고, 되돌아오는 걸음걸음마다 축복하는 연습인데, 이것이 나와의 화해의 장이었다.

지금도 그 숲길의 냄새가 나는 듯하다. 비가 온 뒤라 숲은 음이온의 촉촉한 대기를 이루었다. 목표 지점을 정하고 나는 한 걸음 한 걸음 옮기면서 '나는 내가 부족하다고 생각했다.' '나는 내 게으름에 화가 난다.' '나의 대충하는 습관을 비난한다.' '살 빼기를 평생 하고 있다.' '나는 경제 관념이 없다고 자학했다.' '솔직하지 못한 내 모습이 창피하다.'라고 되뇌었다. 걸음마다 힘들고 무거웠다. 목표 지점에서 시간의 길이에 대해 깊이 생각했다. 1년, 3년… 10년… 100년… 1000년…. 힘들고 무겁게 올라온 한 걸음씩 꾹꾹 눌러 담은 내 감정을 인정하는 작업이었고, 시간의 길이에서 무거움이 의미가 없어졌다. 되돌아 내려가는 걸음걸음마다 '그렇게 느껴도 괜찮아.' '행복하고 좋다.' '잘하고 있다.'라고 자기 축복을 속삭였다. 다 내려왔을 때 귀에 들리는 새소리와 살짝 스쳐 가는 바람 느낌, 풀 냄새가 올라오면서 모든 것이 살아 숨 쉬는 자연을 통해 나의 온 감각은 깨어났다. 행복하고 가벼웠다. 제대로 느낄 수 있었다. '내가 할 수 있을까?'라는 질문에 대한 답은 하나뿐이다. Yes!

내가 나를 돕는다는 것은 내가 나에게 어떻게 하고 있는지, 내가 나에게 무엇을 주고 있는지, 나에게 먼저 주고 나를 충분히 만족시키는 것이다. 내가 나를 챙기지 못한 사람은 늘 보답받지 못한 사랑에 고통받는다. 무엇을 먹을까? 아무거나, 상대가 먹고 싶은 것이 아니라 진지하게 내가 먹고 싶을 것을 먹여라. 햄버거를 먹고 싶었는데, 친구가 짜장면을 먹자고 한다. '그래, 괜찮아.'가 아니라 내가 먹고 싶은 것을 먹어야 자기 존중감이 생기기 시작한다. 먼저 내가 중심을 잡고 자기다움을 찾아가면서 이기적으로 살아야 한다. 이타심의 출발은 이기심이다. 남을 위한 사랑 같지만 결국 내가 나를 사랑하는 이기심이 있어야 이타심도 싹이 튼다.

그 사람이 어떻게 나를 볼 것인지가 아니라 내가 나를 어떻게 보는지가 핵심이다. 누구도 나를 무시하거나 화가 나게 하지는 못한다. 내가 나를 무시했고, 나에게 화가 나 있는 것이다. 내가 해야 할 일은 내가 나에게 한 짓들을 용서하는 것이었다. 정직하게 내 감정들을 살피면서 말이다. 용서는 구하는 것도, 빌어야 하는 것도 아니다. 받는 것도 아니다. 스스로 베푸는 그 무엇이다. 나를 용서함으로써 얻는 이익은 마음의 편안함이며 나는 나를 더 이상 괴롭히지 않고, 몸과 마음이

살피지 않으면 보살필 수 없다

유연해졌다. 나를 있는 그대로 사랑하는 마음을 가지게 되었다.

있는 그대로의 자연은 우리에게 가르침을 준다. 볼 수만 있다면. 봄이 지나가면 여름이 오고, 가을이 오고, 숨이 나가면 들어오고, 밤이 지나면 낮이 오는 자연의 법칙을 대입하면 슬픔이 지나면 기쁨의 순간이 온다는 것을 우리는 안다. 그렇게 자연스럽게 나는 나를 용서했다. 그때는 그럴 수밖에 없었구나, 그게 최선이었구나, 과거를 보고 그대로 느끼면서 지나 보냈다. 나쁜 기억을 '트라우마'라고 한다. 하지만 좋았던 것도 과거가 머물러 있으면 트라우마다. 트라우마는 흐르지 않고 정체되어 있는 마음과 생각 모두다. 그때가 좋았지, 그때로 돌아갔으면, 하는 그 옛날 감정들을 쥐고 있어 현재를 나쁘게 만든다. 옛날이 존재하려면 현재가 더 나아질 수 없으니까. 기억도 흘러보내야 한다. 그래야 다시 경험한다. 〈인생은 강물처럼〉이라는 영화 포스터가 생각난다. 강물은 흐르고 또 흐르며, 끊임없이 흐르지만, 언제나 거기에 존재하며 매 순간이 새롭다. 용서가 그 흘러보냄이다.

힐링이라는 것은 내가 나를 이해하는 것(자기이해)이고, 내가 나와 함께하는 것이다. (자기돌봄)

게슈탈트 기도문

나는 나의 일을 하고, 당신은 당신의 일을 합니다.

내가 이 세상을 살아가는 것은 당신의 기대에 맞추기 위한 것이 아니고

당신이 이 세상을 살아가는 것도 나의 기대에 맞추기 위한 것이 아닙니다.

나는 나이며, 당신은 당신일 뿐입니다.

어쩌다 우리가 서로를 알게 된다면 참 멋진 일이고,

만약에 그렇지 않다 해도, 어쩔 수 없는 일일 것입니다.

-프리츠 펄스(독일 정신과 의사, 심리학자)

겉으로 드러나는 나는
내면에서 숨죽이는 나의 모습이다

퇴근할 때는 부산에 계신 엄마와 자주 통화를 한다. 일상 속 이야기, 소소한 이야기를 나눈다. 혼자 계시면서 아직까지 아빠를 잊지 못하시고, 자식들에게 폐 끼치지 않기 위해 몸 관리를 정말 잘하신다. 매일 요가와 운동을 하고, 영양제 잘 챙겨 먹고, 자기 관리를 철저하게 한다. 나이 일흔이 넘어서 아직 운전을 하는 것도 멋지다. 매일 아침마다

살피지 않으면 보살필 수 없다

불경을 틀어 놓고 자식들을 위해 기도를 한다. 엄마의 기도하는 힘으로 우리 자식들이 모두 잘 된 듯하다. 그런 엄마에게 항상 감사하고, 엄마가 대단하다고 느낀다. 함께 놀 때는 친구 같기도 하고, 내가 힘들 때는 응원해 주고 도와주는 후원자 같기도 하고, 때로는 엄마라는 같은 이름표를 가지고 있는 동지 같기도 하다. 아빠가 엄마를 소녀로 살 수 있게 했으니 그 이후로도 우리가 엄마를 계속 소녀로 살 수 있게끔 하는 것이 자식의 도리라고 이야기한 막내 남동생 말이 감동으로 늘 맘속에 남아 있다. 하루는 전화기 너머 엄마의 목소리가 우울했다. 얼굴이 뒤집어져서 말이 아니란다. 영상 통화로 확인했는데, 뽀루지 같은 염증이 군데군데 나 있었다. 처음 있는 일이라 엄마로서는 큰일인 듯했다.

"엄마가 말 못 하는 걸 몸이 말해 주네요. 무슨 일 있어요? 김말임 여사의 마음을 잘 헤아려 주고 잘 챙기라니까." 서러움이 잔뜩 묻어 있는 얼굴인데도 엄마는 괜찮단다. 나는 평소 엄마의 감정들을 알고 있다. 아빠를 지키지 못하고 먼저 보냈다고 생각하는 미안함과 혼자만 누리는 것에 대한 죄책감, 미국에 있는 자식들이 주는 용돈을 받아야 살아간다는 마음속 불편함, 주는 것이 몸에 밴 사랑 많은 엄마가 오히려 타인에게 받아야 하는 상황에서 스스로를 못마땅하게 생각하면서 생긴 자기 비난이 있었다. "엄마… 엄마가 마음에 안 들어요?" 이 말에 괜찮다고 꾹꾹 눌러 담은 속마음이 무너지면서 엄마는 우셨다. 사실은 다른 사람이 하는 말 때문에 괴로운 것이 아니라 자신이 자신을 미

위하는 마음이 제일 고통이다. 자신이 본인을 괴롭힘을 알아차려야 한다. "김말임 여사님이 얼마나 열심히 사셨는데요. 잘 대해 주세요. 그만 미워하고!" 이 말을 듣고 울면서 웃으신다. 엄마 얼굴에 난 염증성 뾰루지가 오늘 엄마 마음을 제대로 말해 줬다. 나 사실은 괜찮지 않다고, 마음이 아프고 곪았다고. 그렇게 터트리고 나면 속 시원할 것을. 몸이 하는 이야기에 우리가 귀를 기울여야 하는 이유다. 나 데리고 살면서 내 소리는 들을 줄 알아야 하기에. '몸으로 표현해요'라는 게임이 생각난다. 얼굴 표정 찡그리면서, 손짓 발짓 다 해 가며 몸으로 말하는 보디랭귀지가 우습지만 사람들은 몸 표현도 잘도 맞춘다. 몸도 말할 수 있다. 잘 살펴본다면.

개인적으로 병원에서 제일 어려운 과는 피부과라고 생각한다. 겉으로 증상이 나온 것이지만 원인은 모두 안에 있다. 밖의 증상을 덮는 걸로만 치료하는, 약만 주는 피부과는 좋아하지 않는다. 피부과 의사야말로 사람의 몸과 마음과 정신을 모두 볼 수 있어야 하지 않을까? 피부과 의사도 몸과 마음의 '관계 테라피스트' 역할을 하기에 딱 좋은 직업이다. 관계 테라피스트는 나와 나 자신의 관계, 나와 다른 사람과의 관계 속에서 숨죽이고 있는 감정을 겉으로 드러내 놓고 잘 보듬어 주고 보살펴 주면서 애정과 관심으로 튼실한 인간관계로 발전시키는 전문가다.

나는 관계 테라피스트
오윤정이다

　나는 지치지 않는 **열정**을 중심에 두고 현실에 안주하지 않고 한계에 **도전**하며 성공을 꿈꾸는 관계 테라피스트다. 사람과 사람이 만나는 과정에서는 언제나 **정직**을 기본으로 세상의 아픔을 보듬고 보살피는 **사랑**과 각박한 세상을 즐겁게 살아가게 만들어 주는 **유머**를 내 삶의 소중한 의사결정의 기준으로 생각한다. 열정은 목표를 향해서 매진하게 만드는 내 삶의 엔진이며, 도전은 어제와 다르게 나를 바꾸는 변신의 활력소다. 정직은 모든 인간관계는 물론 인생을 살아가는 철칙이며 사랑은 아름다운 관계를 만드는 원기소다. 유머는 힘들게 살아가는 우리들의 삶에 재미를 선물로 주는 활력소다.

　나는 무엇을 하는 사람인가? 나는 관계 전문가이자 사이 전문가인 간호사로 일을 하고 있고,

　사람들 간의 이해와 소통을 돕는 **관계 테라피스트**다. 인간관계로 상처받은 사람, 복잡한 관계에서 중심을 잃고 힘들어하는 사람 사이에 존재하는 차이를 서로 존중해 주고 인정하면서 혼자서는 해낼 수 없는 위대한 창조를 꿈꾸는 사람, 그 사람이 바로 관계 테라피스트다. 모든 관계에서 사람은 자신이 하고 싶거나 개선할 사항이 있으면 목소리를 내려 하고 자신의 일에 그다지 관계가 없다고 판단하는 순간 관심을 보이지 않는다. 그러나 사랑에 빠지면 사랑하는 사람에 대해서는

늘 양보한다. 사랑은 불가능을 가능으로 만들어 주는 혁명에 가깝다. 사랑하면 기적이 일어나고 경이로운 실적이 쌓인다. 사랑하는 관계가 형성되면 관계는 어떤 어려움도 관철시켜 새로운 소통의 관문을 열어 가며 관통하는 지혜가 생긴다.

이렇게 되면 내가 만나는 타자는 나보다 더 잘 이해하려고 노력하고, 이전보다 더 보살피게 되어 그동안 쌓였던 인간관계상의 문제가 저절로 녹아 없어진다. 관계로 생긴 문제는 관계로 풀어야 한다. 관계가 좋지 않으면 아무리 좋은 인간관계를 맺었다고 생각해도 순식간에 오해가 쌓이고 신뢰의 끈이 무너질 수도 있다. 관계 테라피스트는 무너진 관계를 일으켜 세우는 노력을 전개함은 물론 부실한 인간관계를 회복시키는 특급 처방전을 개발하고 공급해서 사람 사는 세상의 즐거움과 기쁨을 만끽하게 만들어 주는 행복 전도사다. 무너진 인간관계를 회복하는 것은 물론 새로운 인간관계를 맺어 가는 관계 테라피스트는 사랑을 서로 전달하게 만들어 기적을 일궈 나가는 사랑의 혁명가다. 관계 테라피스트 나, 오윤정은 오늘도 생명 탄생의 기적을 보살피면서 돌보는 일을 겸행하는 사랑의 전도사로 일하고자 한다.

살피지 않으면 보살필 수 없다

02

관계의 변방, 들러리에서
관계의 진리를 깨닫다

돌아가신 아빠가 나의 학창시절에 자주 하신 말씀이 있다. "윤정아, 들러리가 되지 말고, 네 인생의 주인공이 되어라." 꼭 되고 싶은 것도 없었고, 왜 공부하는지도 몰랐고, 그저 딱 다른 사람에게 욕 먹지 않을 정도로만 바른 척했던 것 같다. 공부를 하는 것이 아니고 그냥 책상에 앉아 있는 것이고, 노는 것이 아니고 그냥 그곳에 있었다. 몸이 있는 곳에 마음이 함께하지 않는 것이 들러리다. 내가 나와 함께하지 않은 것이 들러리다. 나를 진정으로 봐 주지 않기에 나는 나로서 존재하지 않고 뭔가 허전한 '가짜 나'로 존재했다. 뭔가를 채우기 위해 노력하는 모습은 보이지 않고 멍하니 앉아 있는 경우가 많았다. 배가 고파서가 아님을 알았지만 채우는 건 위밖에 없었다. 할 일이 마땅히 없으니 애꿎은 배만 채우는 어리석은 식탐을 부렸다.

일생일대의 최대의 숙제는
내가 되는 것이다

그렇기에 학교에서도 늘 다른 사람이 공부할 수 있게 인원수를 채워주고, 학원에서도 열심히 학원비를 내주는 들러리가 되었다. 왜 내가 학교에 가야 하는지, 학교 말고 학원을 왜 더 다녀야 하는지 근본적인 물음과 각성 없이 남들이 가니까 나도 가는, 그야말로 '부화뇌동(附和雷同)'이었다. 나와 대화할 줄 모르니, 내가 원하는 것도 모르고, 내가 누구인지 궁금하지도 않았다. 사실 나와 대화하는 시간은 거의 없고 다른 사람과 다른 사람에 대해 이야기하는 시간이 더 많았다. 언제나 이야기의 주인공은 내가 아니라 다른 사람이었다. 나는 중요한 시기인 고등학교 시절을 그렇게 뜨뜻미지근하게 보냈다. 내 인생의 가장 큰 죄가 아닐까 한다. 하지만 고등학생 때부터 뭔가를 분명하게 결정하고 꿈이 뭔지를 확실히 정해서 그쪽 방향으로 일관되게 생각하고 행동하는 것도 정상은 아니라고 생각한다. 오히려 꿈이 뭔지 모르는 게 당연한 것이고 내가 누구인지를 잘 모르는 게 정상이다. 그 시기는 꿈이 무엇이고 내가 누구인지를 정확히 알 만한 나이가 아니라고 생각하기 때문이다.

한 이야기가 생각난다. 쥐 한 마리가 있었다. 고양이가 무서워 신에게 고양이가 되게 해 달라고 했다. 고양이가 되었더니 개가 무서웠다. 그래서 개가 되게 해 달라고 했다. 개가 되었더니 호랑이가 무서웠다.

살피지 않으면 보살필 수 없다

그래서 호랑이가 되게 해 달라고 했다. 호랑이가 되었더니 사냥꾼이 무서워서 사냥꾼이 되게 해 달라고 했다. 신이 노하여 말했다. "너는 다시 쥐가 되어라. 무엇으로 만들어도 쥐의 마음을 가지고 있으니 나도 어쩔 수 없구나." 나의 태도는 어떠한가? 자신을 잃어버리고 계속 무엇인가가 되기 위해 막무가내로 노력한들 무슨 의미가 있을까? 꼭 무엇을 얻어야만 성공을 한 것인가? 진짜 발견하고 알아야 하는 것은 진짜 오윤정이 아닐까? 내가 나를 모르고 알려고도 노력하지 않으면 뭔가 되기를 계속 바란들 무슨 소용이 있을까? 내가 아닌 것이 되었다고 해서 색다른 의미는 없을 듯하다. 내가 정말 원하는 것이 무엇인지, 진정 내가 되고 싶은 게 무엇인지를 모르는 상태에서 막연한 뭔가가 되려고 노력하는 것만큼 무용지물은 없을 것이다. 일생일대 최대의 숙제는 내가 누구인지를 알기 위해 부단히 노력하는 일이다. 영원히 다 알 수는 없지만 그럼에도 부단히 자기발견을 위한 여행을 계속할 때 자기 정체성은 서서히 그 모습을 드러낸다고 믿는다.

자기 배려는 한 번도 되어 본 적이 없는 '자기 되기'다

남에게는 그렇게 친절하고, 남을 배려하고 원하는 것을 알아서 해 주는데 정작 나에게는 왜 그렇게 야박하고 엄격하고 비난투성이인지,

다른 사람들은 무조건 용서하고 수용해 주면서, 나의 잘못은 실수는 절대 용서하지 못하겠다는 듯이 맘에 새기는지. 정말로 스스로에게 친절하고 스스로를 배려하며 원하는 것을 알아서 해 주는 '자기 배려'가 필요하다. 자기를 사랑하지 않는 사람은 다른 사람을 사랑할 수 없다. 자기를 소중하게 생각하지 않는 사람은 다른 사람을 소중하게 생각하지 않는다. 자기의 존재가 지닌 고유함을 사랑하고 아낄 때 비로소 나를 둘러싸고 일어나는 세상의 모든 일이 의미심장하게 다가오고, 내가 만나는 모든 사람이 소중하게 인식된다. 내가 나에게 잘해 주지 않는데 누구의 인정과 사랑이 만족되겠는가? 남에게 채워 달라고 구걸할 것이 아니라 남에게 인정해 달라고 사정할 것이 아니다. 다른 사람이 나를 무시하는 것이 아니라 실제로는 내가 나를 무시하고 있지 않은지 확인해 봐야 한다. 나를 무시하는 사람은 다른 사람도 소중한 존재로 보지 않는다. 자기 무시가 결국 타인을 깔보고 업신여기는 생각과 행동으로 이어진다.

유영만 교수의 책 『아이러니스트』[1]에서 철학자 미셸 푸코를 만났다. '자기 배려'라는 개념으로 나답게 사는 방법을 배우는 소중한 깨달음의 순간이었다. '자기 배려'는 "단 한 번도 되어 본 적이 없는 자기가 되기"다. 단 한 번도 그렇게 되어 본 적이 없는 '자기'를 구성해 내기 위해서 기존의 '자기를 포기'하는 것에 가깝다고 유영만 교수는 말한다. '자

---

[1]   유영만, 『아이러니스트』, EBS BOOKS, 2021.

기 배려'는 자신에게 시선을 돌리고 자신을 점검하는 것이고 자신을 해방하기, 자신을 존중하기, 자기 자신을 돌보기, 자기 자신으로 돌아가기, 자기 자신에게서 즐거움을 발견하기, 자신을 치료하기, 나아가 자기 인식이라는 것을 배웠다. "자기 배려, 그것은 내가 나에게 저항하는 노력이다. 본래적인 자기가 되는 일이며, 수많은 자기로 들끓는 그곳으로 돌아가는 것이라고 할 수 있다. 진짜 돌봐야 하는 나는 돌보지 않고, 나와 관련된 욕망의 사슬에 얽힌 수많은 부수적인 것들을 돌보는 데 시간을 낭비하고 있지는 않은가?"라는 질문은 가슴에 비수가 되어 꽂혔다.

"너 자신을 들여다봐라." 푸코가 외치는 소리에서 자기 배려의 여정이 시작된다. 남에게 보여 주기 위해 하는 공부가 아니라 나다움을 찾아 나서는 놀이로서의 공부를 하며 남과 비교하지 말고 어제의 나보다 더 성장하는 나를 찾아 나서는 여정을 시작할 것이다. 항상 밖으로만 향했던 시선을 안으로 돌려 남과 비교하는 비참한 인생에 종지부를 찍고 어제 내가 했던 생각과 행동을 비교해서 '일일신우일신'하는 노력을 반복할 것이다. 이러한 노력이 자기 배려를 통한 진정한 자기 되기다. 남들은 어떻게 생각하고 행동하는지 항상 곁눈질하면서 남의 시선에 갇혀 살다가는 평생을 들러리로 살아간다. 진짜를 나를 찾아 나서는 여정은 밖으로 떠나는 여정이 아니라 안으로 향하는 내면 탐구 여행이다.

03

새로운 관계의 시작,
관계의 중심에 나를 두다

모두 병들었는데 아무도 아프지 않았다.

-이성복, 「그날」 중에서

작가 고미숙에 따르면 병은 메시지라고 한다. 그렇게 살지 말라고, 좀 다르게 살아 보라고, 병은 이젠 다르게 살 때가 되었다는 메시지라고 한다. 아프다는 것은 나를 더 돌봐야 하는 시간이 필요하다는 뜻이다. 몸과 마음에 병이 생겼다는 것은 지금처럼 살지 말고 다르게 살아야 한다는 경고등이 켜졌다는 의미이다. 지금처럼 살면 삶의 심각한 위기가 오니까 이전과 다르게 살라는 메시지가 바로 병이다. 병이 생겼다는 것은 몸과 마음에 부담이 가중되면서 더 이상 견딜 수 없다는 신호를 받아들이라는 의미다. 이성복 시인이 말한 "모두 병들었는데 아무도 아프지 않았다"는 것에서 그 '병'은 인식하지 못하고 평상시대로 살아간다는 의미다. 이미 심각한 경고등이 켜져 있는데도 불구하고 그 경고를 무시하고 살다 보면 돌이킬 수 없는 결정적인 위기가 온다.

살피지 않으면 보살필 수 없다

고통은 이전과 다른 삶을
살라고 알려 주는 스승이다

몸과 마음이 버틸 수 없을 때 병이 생긴다. 그때는 아파야 한다. 곪고 터져야 한다. 그래야 치유된다. 아프기 시작하면 그 아픔을 치유하기 위해 이전과 다르게 자기 몸을 돌보려고 노력한다. 그러나 우리는 심각하게 아프지 않으면 아프지 않다고 생각하며, 괜찮은 척한다. 나는 예전에 삼척동자였다. 괜찮은 척, 아는 척, 있는 척. '척'하고 있을 때는 내가 그러고 있는 줄도 몰랐다. 안 아픈 척하고 살다가 정말 큰일이 터진다. 그때는 이미 손도 쓸 수 없는 심각한 사태에 직면한다. 몸과 마음이 아플 때 오히려 결정적인 전환점으로 생각해야 한다. 적절한 시기에 감지하고 대처만 하면 오히려 몸과 마음은 더 건강하게 회복할 수 있다.

2009년 3월, 미국 간호사 면허를 따기 위해 정신간호학 파트를 배우면서 알게 된 안진희 선생님께 자아 발견을 위한 의식 개발 프로그램을 코치받은 적이 있다. 처음으로 나를 탐구하는 시간이었다. 프로그램이 진행되던 어느 날, 나는 원하는 의도를 적었고 곧바로 전화 한 통을 받고 원하는 새로운 직장을 소개받았다. 출산과 육아로 3년 동안 집에서 보낸 내가 나답게 살기 위해 일을 시작했다. 서울이라는 곳도 나에게는 새로운 장소였지만 한의원이란 곳도 나에게는 색다른 직장이었다. 거기서 만난 직장 동료들도 낯선 사람들이었다. 처음 보는 간호사가 '총괄실장'이라는 직함으로 들어왔으니 그렇게 환영받는 존재가 아니었다. 사람들의 말투와 분위기가 내가 겪었던 세상 것과는 달랐다. 아니 내가 받아들이는 자세가 너무 경직되어 있었던 것이다.

부산에서 보낸 10년의 병원 생활에서 난 스스로를 좋은 선배, 후배라고 생각했다. 자라면서 부모님에게는 착한 딸이고, 학교에서도 모범생이어야 한다는 강박이 있었다. 그러나 서울에서의 직장 경험은 사람에 대한 경계였고, 관계에 대한 혼란이 일어났다. 서울 사람들은 이기적이고 깍쟁이라는 판단도 내가 내린 결정이었다. 지금 와서 되돌아보니 유연하지 못한 사고 속에서 그 틀을 깨게 하는 귀중하고도 아픈 시간이었다. 아프니까 나란 사람에 대해 다시 돌아보는 계기가 될 수 있었다. 그런 점에서 고통은 삶을 다른 관점으로 보게 되는 감각이다. "고통과 마찬가지로 병이란 부적절한 신체 상태나 신체활동을 정정할 수 있는 기회다. 다른 말로 표현하면, 고통이란 유기체의 부적절한 삶의 방식에 대한 기관이나 세포들의 호소와 항의의 목소리고, 질병이란 그 부적절한 삶의 방식에 잠식된 신체의 비명소리다." 이진경의 『삶을 위한 철학』[2]에 나오는 말이다.

많은 것을 재설정하는 시간이었다. 나라고 생각하는 껍질이 아니라, 진짜 나를 만나는 시간이었다. 다시 떠오르기라는 의식의 탐사 여행

---

[2]   이진경, 『삶을 위한 철학』, 문학동네, 2013.

을 통해 '또 다른 나'를 만나게 되었다. 지금 여기서 살아간다는 의미, 그리고 매사에 감사하고 봉사하는 삶을 살 수 있다는 사실 자체만으로 기적이다. 삶은 모든 순간이 경이로운 기적이 아닐 수 없다.

트란슬라리언 메시지

우주 속에 삶이 있는 것이
기적이 아니라

삶 속에 우주가 있는 것이
기적이다.

우주로부터 의식이 진화하여
나온 것이 기적이 아니라

우주가 의식으로부터 진화하여
나온 것이 기적이다.

지금/여기 안에 당신이 있는 것이
기적이 아니라

당신 안에 지금/여기가 있다는

것이 기적이다

오! 나의 옛 동무여,

너의 긴 잠에서 깨어나라.

그대에게 보여 줘야 할 것이

많고 많도다.

느끼기는 머리로 판단하는 분별이 아니라
가슴으로 감지하는 감각이다

사람들이 눈물을 흘리는 것은 그들이 약해서가 아니라, 너무 오
랫동안 강하게 살아왔기 때문이다.

영화배우 조니 뎁이 한 말이다. 너무 오랫동안 강하게 살다 보니 울
시간이 없었다. 울 수밖에 없는 상황에서도 스스로 위로의 메시지를
던지거나 그 슬픔 자체를 수용할 여력이 없었다. 내면으로 들어가 자
신을 격려하고 용기를 주면서 회복할 시간적 여유가 없다 보니 슬퍼도
울 수 있는 감각적 자극을 느끼지 못하고 살아온 것이다.

살피지 않으면 보살필 수 없다

미국 자기계발 프로그램(아바타) 중 느끼기가 있었다. 느끼기는 감정이다. 내 감정을 보고, 읽고, 표현하는 것을 못한다는 생각은 해 본 적도 없었다. 감정은 그냥 갖고 있는 것이고 자연스러운 것인데 배워야 하는 것이 처음엔 의아했다. 로봇에게 과제로 내어 주어야 하는 것이 아닌가, 사람은 모두 다 느끼기가 자연스럽게 되는 게 아닌가? 하지만 느끼기 연습을 하다 보니 내가 하고 있는 느끼기는 너무나 왜곡되고 부자연스러운 감정이라는 것을 알게 되었다. 느낌을 말로 표현하기 바빴고 느낌을 느끼기보다 정답처럼 외워 온 것이 아닐까? 느낌을 설명하려고 했고, 이럴 때 이렇게 느끼는 것이 생각이었다. 이건 좋은 느낌, 이건 나쁜 느낌이라고 머릿속으로 해석하게 된다. 느끼기는 어떻게 느끼는 것이 옳은가가 아니라 있는 그대로를 느끼는 것이다. 나는 머리로 모든 것을 느끼고 있었다.

사회에서 상식적으로 허용하는 범위 내에서 느끼는, 통념에 따른 감정이었다. 그래야 한다고 주입받은 상식과 관례대로 습관적으로 느끼는 감정이었다. 어렵게 느끼기를 연습하는 과정에서 내가 느낀다는 것은 머리로 생각하고 해석해서 아는 것이지 가슴에서 올라오는 느낌이 아니라는 것을 깨닫는 순간 뭔가 통렬하게 깨지는 기분이었다. 내가 사물과 생물과 사람을 느끼는 연습을 할 때 머리로 판단, 분별해서 그렇다고 생각하는 것이었다. 세상에서 가장 먼 거리가 머리와 가슴이라는 사실을 고스란히 경험하는 소중한 순간이었다. 가슴부터 느끼기가 죽어 있었다. 나무를 대상으로 느끼기를 할 때 외롭게 보이고 안타깝고 슬픈 것은 나의 생각이지 느낌은 아니고, 지나가는 사람을 대상으로 느끼기를 할 때 고집이 세 보이고, 따듯해 보이고, 귀엽게 보이는 것은 나의 판단에 근거한 분별이지 느낌이 아니었다. 한 꼬마가 화분의 꽃을 오랫동안 바라보고 있는 것이 참 신기했는데, 그 아이는 꽃을 느끼고 있었고, 통합의학대학원 에너지의학 이영좌 교수님께서 미술작품을 한 20분 바라본 줄 알았는데 몇 시간이 지났더라고 한 것도 느끼기였다. 그냥 바라보기가 느끼기다. 있는 그대로 보는 것이 느끼기다. 나는 온갖 생각과 판단으로 있는 그대로를 보는 게 안 되었다. 단순한 것을 어렵게 보는 재주라 할 수 있겠다.

내면의 아이를 보듬어 줄 때
진짜 느끼는 순간이 다가온다

나는 남 앞에서 울어 본 적이 없었다. 우는 모습을 보이는 것은 수치라 여겼고, 어디에서 온 신념인지 우는 것은 못났다고 생각했다. 아마도 울음으로 감정을 표현하는 것이 부정적으로 받아들여지던 시대의 파장일 것이다. 그래서 슬프고 눈물이 날 때는 올라오는 감정을 참느라 목에서 꾹꾹 눌러 담아 목 넘김을 여러 번 해야 했다. 고등학생 시절 친구들과 영화 〈천장지구〉를 보러 갔을 때, 멋진 주인공이 죽어가는 장면에서 친구들은 오열을 했다. 나도 너무나 슬펐지만 결코 친구들 앞에서 눈물을 흘릴 수는 없어 눈물을 삼켰다. 실컷 울고 난 친구들은 영화관을 나와서 감정을 다 풀고 난 자의 시원한 상태였고 다시 밝은 여고생의 모습으로 돌아와서 떡볶이를 먹으러 가자고 했다. 감정을 참았던 나는 감정 속에 갇혀 다른 것을 할 수 없었다. 갑자기 집에 가 봐야겠다며 친구들과 헤어지고 버스에 타서 혼자가 되었을 때 비로소 눈물이 뺨을 타고 흘렀다. 어쩜 이리도 힘들게 살았던가? 감정을 억압했고, 그러고 있다는 것을 느끼지도 못했다. 내가 느끼기가 잘될 리가 없었다. 항상 괜찮은 척했고 그래야 한다고 생각했으니까. 모든 감정은 하나인데, 슬픔을 참으니 다른 감정 또한 억제 모드일 수밖에. 감각을 닫은 감정이 자연스러울 수 없다.

프로그램에서 주의를 주었다가 뺐다가 다른 곳에 주의를 주는 연습을 할 때 지금까지 생각지도 못했던 한 장면이 떠올랐다. 초등학교 때 시골 할머니 댁에 친척들이 다 모인 적이 있었다. 나는 화장실에 가고 싶어 자다가 깨 창호문을 열고 툇마루를 지나 마당에 내려섰다. 그때 웃음소리가 다른 방에서 흘러나오는 것을 들었다. 창호지에 비친 것은 예쁘고 똑똑하고 사랑스러운 내 여동생이 춤추면서 어른들 앞에서 재롱을 부리는 장면이었다. 어른들은 박수를 치면서 동생의 재롱에 흠뻑 빠져 있었다. 그때 내가 기억하는 것은, 그 어린아이가 화장실에 가는 것도 잊고 늦은 밤공기의 싸늘함을 고스란히 받으면서 휘영청 뜬 보름달을 하염없이 바라만 보고 있는 나의 뒷모습이다. 이 장면이 문득 떠올라 무덤덤하게 안진희 선생님께 이야기하고 있는데 듣고 있던 선생님께서 눈물을 흘리셨다.

　선생님의 눈물을 보고 깜짝 놀라 무덤덤한 나의 마음이 스르르 녹는 느낌이 들었다. 나 대신 울어 주었던 선생님 덕분에 그때 어린아이의 마음을 만날 수 있었다. 다가가고 싶었지만 용기가 안 났구나. 혼자인 기분이었구나. 외로웠겠구나. 나 또한 사랑받는 첫딸이었지만, 상처는 자신들이 만드는 것이니까. 그때 남과 비교하는 습관이 생기지 않았나 싶다. 그리고 그동안 그 아이의 느낌을 느끼지 않으려고 한 것이, 감당하지 못한 감정이었으리라. 그 즐거워 보이는 방문을 나는 왜 열고 들어가지 못했을까? 꾹꾹 숨겨 놓았던 나의 상처가 떠오르면서 나는 감정을 보았다. 이야기를 듣고 있던 선생님이 대신 울어 줌으로써 그때 그 아이는 다시 감정을 느끼기 시작했다.

　프로그램 과정을 다 마치고 축하를 받은 그 밤, 인도 딕샤 명상이 있었다. 명상을 한 곳은 프로그램 내내 내 마음을 쉬었던 제동 한옥집이었다. 명상 중에 한 아이가 보였고, 환한 빛으로 빛나는 누군가가 팔을 벌려 나에게 손짓했고 나는 달려가 안겼다. 눈물이 흘렀다. 참 뜨끈한 눈물의 감각이었다. 나의 숨어 있던 내면의 아이를 만났다. 밤늦게 집으로 돌아간 나는 누군가와 이야기를 하고 싶었다. 한꺼번에 북받치는 감정을 털어놓고 싶었다. 자고 있는 남편을 깨워 내가 경험한 일들을 주저리주저리 이야기하였고, 오윤정이가 오윤정이를 얼마나 돌보지 못하고 방치했는지, 어린 윤정이에게 너무나 미안하다며 그 마음이 너무나 아프다며 꺼이꺼이 목 놓아 울었다. 내가 남 앞에서 처음으로 울던 날을 잊을 수가 없다. 결혼하면 방귀를 튼 사이인지 물어보기도 하지만, 나는 결혼하고 상처의 눈물을 튼 사이인지를 묻고 싶다.

가슴으로 느끼는 감정은
머리로 생각하는 이성보다 정직하다

아이들이 어릴 때 나는 자기 전 꼭 동화책을 읽어 주었다. 그때 알았다. 내가 어릴 때 읽었던 〈해와 달이 된 오누이〉가 이렇게 슬픈 이야기였다는 것을. 플란다스의 개가 죽는 장면에서는 아이들에게 책을 읽어 주다가 오열을 하는 바람에 오히려 아이들이 나를 달래 준 기억도 난다. 내 안의 감정이 '얼음'처럼 굳어 있는 순간 '땡' 하고 깨진 그날 이후, 나의 감정은 예민하게 반응하기 시작했고, 있는 그대로 오롯이 다 느끼고 표현하는 내가 되었다. 드라마를 보면서 훌쩍이고 있으면 아이들이 "엄마, 그렇게 슬퍼?" 하면서 "플란다스의 개만큼?"이라며 엄마를 놀릴 수 있는 소재를 제공하기도 했다. 뭔가 지는 느낌이었지만 정직한 엄마가 더 편하고 좋다고 생각했다. 내가 슬픔을 느끼고, 받아들이고 나서 인생의 다른 감정도 더 잘 느끼게 된 듯하다. 더 기쁘고, 더 화가 나고, 더 요동치는 감정을 느낀다. 감정을 이성으로 누르고 판단하고 분별하지 않고 있는 그대로 느끼게 놔 줄 때 숨어 있는 내면 자아가 얼굴을 드러낸다. 느낌은 머리로 생각하기 전에 몸이 반응하는 감각이다.

　우는 것은 나쁜 것이고 웃는 것은 예쁘다는 생각이 주입되었다. 웃어야 한다고 했다. 하지만 컬러를 배우면서 모든 감정은 옳다고 배웠고, 웃음과 울음은 같다고 했다. 웃음도 울음도 한 사람이 보여 주는 감정의 파노라마다. 희로애락의 삶의 흐름대로 몸과 마음은 상황에 맞는 느낌에 반응한다. 우리가 감정을 얼마나 모르며, 감정 느끼기와 표현을 아이들보다 못한다는 것을 안다. 가슴으로 느끼는 게 얼마나 소중한, '나로 거듭나는 순간'인지를 어른이 되어서 알게 되었다. 나는 아프다, 힘들다, 미치겠다고 표현하는 사람들보다 괜찮다고 말하는 사람을 한 번 더 돌아보게 된다. 괜찮다고 말하는 것이 진심일 수도 있겠지만, 혹시나 본인도 모르게 얼음처럼 굳어 있지는 않은지 살피게 된다. 우리가 우리에게 정직함으로써 풀어지는 수많은 감정들이 있고 거기서 자유로워짐을 깨달았다. 몸으로 느끼는 감정은 머리로 생각하는 이성보다 정직하다. 느낌이 머리로 올라가 생각이 시작되는 순간 희석되거나 탈색되면서 본래의 느낌이 없어지고 숨는 경우도 많다.

　　　　　　　　　　　　　　　　살피지 않으면 보살필 수 없다

나와 함께하는
시간이 얼마나 될까?

느끼기는 명상이고, 명상은 호흡이고, 호흡은 생명이고, 생명은 사랑이고, 사랑은 나다. 나는 사랑이고, 사랑은 생명이고, 생명은 호흡이고, 호흡은 명상이고, 명상은 느끼기다. 고로 느끼는 내가 되기 위해서 명상이 필요하고 호흡함으로써 생명력도 느끼고 온전히 나를 만나는 시간이 필요하다. 명상 전에 나는 되뇐다. 나지만 내가 아닌 나와 만나 보자고, 나라고 생각했던 것 말고, 밖에 보이는 나 말고 진짜 나를 만나 보자는 의도를 가지고 명상을 하곤 한다. 나를 안다고 생각하는가? 안다고 생각한 순간 더 알지 못한다. 명상은 진정한 나를 만나는 시간이다. 명상 음악을 들으면서 호흡에 집중하면서 나를 바라다보면 내 안의 빛이 퍼져서 세포 하나하나로 확장되는데, 눈물이 눈가에 맺힘을 느낀다. 내가 나에게 빛을 비추는 시간이었고 이미 내가 충만함을 깨닫고 기쁨이 넘치는 순간이 된다. 내가 하나의 큰 전구가 된다. 내가 그 전구를 껐다 켰다 한다. 온전히 나와의 대화였다. 호흡과 함께 영원히 내쉬지도 않고 내쉬고 나면 다음 숨이 들어오고 또 내쉬고 반복되는 호흡을 조금씩 조금씩 아래로 내리면 내 생각과 감정은 어느새 어디로 갔는지 찾지 못한다.

나는 이 몸도 아니고, 나는 이 생각도 아니고, 나는 이 감정도 아니다. 내가 나를 믿지 않았다는 미안함이 밀려오고, 이렇게 빛나는 존재인데 다른 이의 칭찬과 격려를 간절히 원하는 마음을 내가 대신 토닥거려 준다. 내가 날 안 사랑하는 것이 아니라 방법을 모르니 밖에서 해 주길 바랐고 그게 바로 의존이었다. 내 사랑법도 연습이 필요하다. 나를 돌보는 것을 계속해 봐야 한다. 혼자 해 보면서 날 채우는 방법을 찾는다. 내가 나를 돕는 방법으로는 내가 먹고 싶은 메뉴 정하기, 좋은 것은 나부터 챙기기, 내 요구를 충분히 들어주기, 내가 나에게 무엇을 주고 어떻게 하고 있는지 계속 지켜보는 것이 있다. 나를 챙기지 못한 사람은 반드시 희생자, 보답받지 못한 사랑에 고통받는다. 먼저 내가 있어야 한다. 이기적으로 사는 것이 가장 이타적인 것임을 명심하면서⋯. 진짜 행복은 내가 누구인지 알 때 온다. 이 깨달음은 일상 속에 살아가면서(Red) 평화를 느낄 때(Blue) 영성(Violet)임을 알게 된다. 있는 그대로의 나를 인정할 때 다음으로 향한다.

　　　　　　　　　　　　　　　　살피지 않으면 보살필 수 없다

04

컬러와 만난 내 인생,
색다른 인간관계의 밀거름이 되다

내 인생은 컬러를 만나
색달라지기 시작했다

Human(인간)의 'hue'는 색이란 뜻이며 Chromosome(염색체)의 'chroma'는 색이란 뜻으로, 우리는 색을 빼고는 얘기할 수 없다. 통합대학원에서 우리 몸에는 미세 에너지가 존재한다는 것도 알게 되었다. 몸 전체를 둘러싸고 있는 미세 에너지가 있을 뿐만 아니라, 몸의 주요한 몇 군데 부위에 집중적으로 모이는 미세 에너지가 따로 존재한다는 사실도 알게 되었다.

컬러는 에너지다. 에너지는 기운이고, 다른 말로 하면 느낌이고 파동이다. 나도 몰랐던 나의 에너지를 컬러를 통해서 알게 되고, 나를 좀더 이해하면서 재밌는 컬러의 세계에 발을 들여놓게 되었다. 차의과학대학원에서 열정적인 강의로 많은 사람들에게 사랑과 다른 세계를 깨워 주시는 이영좌 교수님을 만나게 된 것이 컬러 테라피의 세계를 접하는 계기가 되었다. 내가 나를 컬러풀하게 알아 가는 첫 시작이었다. 참으로 놀랍고 감사하고 감동적인 경험이었다. 그 후에 나의 정신적 멘토인 마음안센터 안진회 선생님이 이전과 다른 컬러로 수업한다고 하셔서 또 다른 컬러 공부를 하게 된 인연이 컬러 테라피의 새로운 이정표를 찍는 전환점이 되었다. 컬러를 만나기 전의 내 삶의 색깔과 컬러를 만나고 난 이후의 내 삶의 색깔은 때깔부터 다르다. 오리무중 했던 내 인생이 오색찬란하게 피어난 원동력이 바로 컬러를 만나고 나서부터다. 그만큼 내 인생에서 컬러와의 인연은 내 운명을 바꾸는 혁명이기도 했다.

컬러를 배우기 전과 배운 후의 나는 좀 다르다. 사람을 어떻게 보고, 어떻게 느끼는지가 바뀌었다고 할까? 나는 인간관계가 참 좋고, 다른 사람의 이야기를 잘 들어 주며, 사람과의 만남에서 벌어지는 다양한 갈등도 잘 해결한다고 생각했다. 나만의 컬러가 좋아하는 대로 인간관계를 맺고, 내 컬러가 선호하는 대로 소통하는 과정에서 별다른 문제가 없다고 생각했다. 이런 자만심 때문에 나와 관계되는 주변 사람들이 힘들 수도 있겠다는 것을 생각지도 못했다. 내가 열심히 사는 사람이라고 생각하면 열심히 사는 내 삶 때문에 나와 관계되는 주변 사람들이 외로울 수도 있겠다는 생각도 못했다. 내가 모든 걸 다 잘 해내는 사람이라고 생각하면 그런 생각으로 인해 나와 인간관계를 맺고 있는 사람 무기력해질 수도 있다는 사실도 몰랐다. 주위 사람들이 가진 고

살피지 않으면 보살필 수 없다

유한 컬러가 나의 컬러와 다를 수 있고, 다른 컬러로 인해 서로가 소중하게 생각하는 바가 다를 수 있다는 사실을 몰랐다.

　모르는 것이 죄다. 모르니까 주변 상황을 올바로 파악하지 못함에도 불구하고 계속 같은 실수를 반복하는 이유는 무엇일까. 내가 모르는 것이 무엇인지, 그로 인하여 다른 사람에게 어떤 피해를 줄 수 있는지 모르는 것이다. 내가 누구인지를 잘 모르는 사람이 다른 사람이 누구인지, 그 사람과 어떤 관계 맺음을 하는 것이 가장 바람직한지는 알 수 없다. 사람들의 마음을 들어주고 이해하려는 사람이 내 안의 소리도 제대로 듣지 못하면서 어떻게 다른 사람들의 마음을 들어줄 수 있을까 하는 의문이 본격적으로 들기 시작했다. 컬러가 나에게 알려 준 소중한 깨달음은 컬러를 통해서 나를 보다 잘 이해하지 못하면 나와 관계 맺음을 시도하는 모든 사람들도 이해할 수 없다는 배움을 얻었다. 이런 깨달음이 컬러를 필생의 업으로 공부하기 시작한 이유다.

　컬러를 공부하게 된 다른 분 이야기가 이 시점에서 도움이 될 수도 있겠다. 딸과의 관계가 힘들어서 딸을 상담소에 보낸 한 엄마는 딸이 문제가 있고 자신은 문제가 없다고 생각한 적이 있었다. 그 당시 딸에게만 문제가 있다고 판단하고 죄 없는 딸만 닦달했던 엄마가 어느 순간 계속되는 딸과의 관계 문제 속에서, 진짜 문제는 나에게 있다는 사실을 뒤늦게 깨달았다. 정말 문제는 딸이 아니라 나에게 있었다는 사실을 받아들이고 컬러를 배우기 시작했다. 컬러를 배운 후 엄마가 달라지기 시작하니까 소원했던 딸과의 사이에서도 어렵게나마 소통이 시작되는 것을 보고 나에 대한 올바른 이해가 급선무라는 사실도 더불어 깨달았다.

컬러는 인간관계를
올바르게 이해하는 마법사다

나에게 컬러는 내가 모르는 내가 이해되고, 다른 사람이 올바르게 이해가 되니까, 서로의 관계가 달라지게 만든 마법의 도구이다. 컬러를 배우면서 사람 살아가는 세상이 이렇게 오색찬란함을 뒤늦게 깨달았다. 컬러를 배우기 전에는 모든 일이 오리무중 상태였다. 컬러로 인해 답답하고 도무지 이해할 수 없는 세상이 갑자기 컬러풀한 큰 꿈을 품고 현실로 다가오는 경이롭고 기적에 가까운 아름다운 세상으로 돌변하는 놀라움을 매일매일 경험하고 있다. 삶은 컬러로 이루어졌다. 자연에도 자연스러운 색으로 수를 놓듯이 형형색색을 띠면서 저마다의 개성을 자랑하고 있다. 자연과 더불어 살아가는 사람 역시 마찬가지다. 단순히 입고 있는 옷의 색깔이 다른 것이 아니라 본래부터 추구하는 원대한 꿈과 목적의 색깔이 다르다. 자기 나름의 고유한 색이 나다움의 정체성을 만들어 가는 핵심이며 아름다운 미래를 창조하는 경쟁력이기도 하다.

살피지 않으면 보살필 수 없다

세상은 거울과 같다. 사람들과의 관계에서 겪는 문제들 중 대부분은 자신과의 관계에서 겪고 있는 문제를 거울처럼 보여 주고 있다. 밖을 나가서 남들을 바꿔 놓을 필요는 없다. 우리 자신의 생각들을 조금씩 바꿔 나가다 보면, 주위 사람들과의 관계는 자동으로 개선된다고 앤드류 매튜스도 말했다. 관계가 안 좋은 이유는 상대에게도 문제가 있겠지만 나에게 문제가 많기 때문이다. 내가 먼저 좋은 사람이 되지 않고서는 좋은 관계를 통해 좋은 사람을 만날 수 없다. 관계 문제는 혼자만의 노력으로 해결되지 않는다. 내가 누구인지를 정확하게 알기는 어렵지만 그럼에도 불구하고 나를 사랑하고 알아 가려는 노력을 거듭하는 가운데 상대를 만나야 상대와 사이가 좋은 인간관계를 맺어 갈 수 있다.

　컬러는 나를 비추는 하나의 거울 역할을 한다. 나는 나를 어떻게 대하는가, 즉 나와의 관계를 컬러를 통해 먼저 알아보자. 사람의 가치는 타인과의 관계로서만 측정될 수 있고 말한 니체처럼 우리는 관계적 인간이다. 인간은 기본적으로 사람과 사람 사이에서 살아가는 사이 좋은 사람이다. 관계를 벗어나 독립적으로 존재하는 인간은 없다. 모든 인간은 다른 인간과 만나는 공간에서 특정 시간과 함께 존재를 어제와 다른 모습으로 만들어간다. 나를 알고 상대를 알아야 사이 좋은 인간관계 속에서 바람직한 성장의 수레바퀴를 지속적으로 돌릴 수 있다. 사람을 이해하는 것에는 여러 가지 도구가 있다. 그중에서 숫자, 도형,

컬러는 만국 공통 언어이다. 나는 이 중에서 컬러의 차이가 만들어 가는 다양한 사람과의 아름다운 인간관계를 들여다보고 내다보고자 한다. 나를 알고 싶고, 타인과 관계를 지속적으로 유지하고 싶은 사람은 이 책에 자연스럽게 눈길이 가지 않을까 한다.

살피지 않으면 보살필 수 없다

05

색깔 있는 나로
거듭나는 비결(CPA)

타고난 컬러 DNA와
에너지 기질을 찾아라

앞에서도 말했듯이 나에게 컬러가 찾아온 것은 차의과학대학원 이영좌 교수님을 만나면서다. 교수님께서는 메마른 내 삶의 토양에 큰 물줄기를 대 주셨다. 지식만이 아니라 가슴을 열어 사랑이 무엇인지 직접 행동으로 보여 주시고, 주춤하는 나를 일으켜 컬러로 세상을 보게 했다. 에너지로서의 컬러 테라피를 가르쳐 주셨고, 아낌없는 사랑을 모두 쏟아 주셨다. 에너지사이언스의 대표이신 교수님의 많은 수업을 접하면서 CPA 프로그램도 만났다. CPA란 인적성 및 관계성을 보는 검사 프로그램이다. CPA는 다음 세 가지 내용의 첫 글자를 합친 개념이다. 첫째, C는 Color(빛깔)다. 색깔은 사람의 개성, 꿈, 욕망 등을 상징한다. 둘째, P는 Personal(인품)이다. 인품은 사람의 생각, 말, 행동으로 만들어진 습관을 뜻한다. 셋째, A는 Analysis(분석)다. 분석은 얽히고 설킨 실타래를 풀어내는 노력이다.

DISC, MBTI, 에니어그램과 같은 기존 인적성 검사들은 대부분 필기로 보는 검사 도구다. 요즘 아이들 사이에서는 이렇게 대화한다고 한다. "나는 ENFJ인데 넌 뭐니?" "난 INFP야." 서로의 성격을 공유하는 대화다. 이와 같은 설문지 검사는 서로의 성격이 내향적인지 외향적인지, 감각적인지 직관적인지, 사고형인지 감정형인지, 판단형인지 인식형인지에 따라 나뉜다. 검사지로 보는 성향 검사는 자신이라고 생각하는 것과 많이 들었던 것, 그리고 싶은 욕구가 들어가 정확하게는 나라고 믿는 성향이 나오기 쉽다. 그래서 시험을 보듯이 문항을 통해 검사하는 기존의 검사 방식으로 진정한 나를 아는 데에는 한계가 있다.

언어가 생기기 이전부터 존재한 컬러와 도형은 인간의 가장 본질적인 성향을 대변해주는 도구로 유용하다. 생년월일로 타고난 성격을 알수 있고, 끌리는 컬러와 도형을 묻는 CPA 검사 방식은 매우 단순해 보이지만 그 어떤 검사보다 더 근원적인 자신의 성향을 잘 파악할 수 있다. 태어날 때 타고난 성격이 전체 성격의 50% 이상을 차지한다고 한다. 그렇기에 선천적으로 타고난 기질과 성향을 파악하는 것은 한 사람을 제대로 이해하기 위해서는 매우 중요하고 큰 의미가 있다. CPA 검사는 타고난 성격을 통계화해서 타고난 강점과 보완점을 찾고 후천적인 교육에 적극 활용하도록 돕는다. 근원적인 소통의 도구이자 상징 체계인 컬러와 도형을 도구로 삼아 후천적인 환경 요인에 따른 변화무쌍한 현재의 심신 상태까지 한눈에 쉽게 파악하게 해 준다.

유전과 환경은 성격 형성에 가장 중요한 요소로 작용한다. CPA는 탄생하는 순간 정해진 각자의 고유한 컬러 DNA와 지금 이 순간의 공명 컬러를 동시에 분석함으로써 보다 정밀한 인적성, 상호관계성을 도출해 내고 그 데이터를 바탕으로 각 개인에 맞는 해결책을 제시하는 프로그램이다.

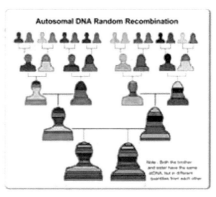

출처: 2022 프리차드 DNA 프로젝트

차트에서 컬러는 두 자녀와 그들의 직계 부모, 조부모, 조상들의 D NA를 표시한다. 가장 오래된 세대는 단색으로 표시되며, 이는 다음 세대의 자녀에서 무작위로 재결합된다. 두 자녀는 모든 조상의 무작위로 재결합된 DNA를 가지고 있다는 의미의 그림이다.

이를 통해 내 안에 나만 있는 것이 아님을 볼 수 있다. 인간의 DNA 의 대부분은 직계 조상의 DNA가 무작위로 조합된 것이기 때문에 이것을 정의하기는 쉽지 않다. 하지만 내가 이 그림을 보면서 느끼는 것은 내 안에 모든 컬러 다 있다는 것이다. 타고나는 내 고유한 성향도 있지만, 유전되는 가족력과 그 환경도 중요함이 보인다.

우리의 유전자 또한 빛과 컬러, 생각에 따라 재프로그램됨을 에너지 의학 시간에 배웠다. 우리의 염색체는 유전 정보를 갖고 있는 물질로, 컬러를 갖고 있으며 색반응을 보인다고 이영좌 교수님께서 가르쳐 주셨다. 빛의 메시지를 담고 있는 컬러를 도구로 사용하는 CPA 시스템은 검사 과정에서 컬러 에너지의 영향을 받게 된다. 자신의 고유한 컬러 DNA를 찾고 자신을 깊이 이해하고 신뢰하면서 인생의 목적(소명)을 찾기를 바란다.

저마다의 컬러가 저마다의 개성으로
하모니를 만든다

아기가 태어나면 숫자가 주어진다. 몇 년도, 몇 월, 며칠, 몇 시 생에 숫자가 붙는다. 이 생년월일로 타고난 기질을 알 수 있다면 어떤 생각이 드는가? 예를 들어, 마트에 가면 상품의 포장에 정보를 담은 바코드가 있어 물품을 구분할 수 있다. 사람도 태어나는 숫자가 그 특성을 담은 바코드처럼 구별해 놓지 않나 하는 상상을 해 본다. 생년월일의 숫자를 인간의 성향을 알 수 있는 인식 코드처럼 생각할 수 있다. 연월일시는 한 인간이 우주의 특정한 시기에 특정한 기운을 받고 태어났다는 증표다. 봄과 여름, 가을과 겨울이 흐르면서 보여 주는 사계절의 기운이 다르듯, 사람도 언제 어떤 에너지를 받고 태어났는지에 따라서 기질과 성격이 어느 정도 다르게 규정된다. 이런 점에서 생년월일은 단순한 숫자를 넘어 한 인간의 탄생 비밀을 간직하고 있는 인성 코드로 작용할 수도 있다.

난임센터에서 어렵게 임신을 한 4명의 산모가 같은 해에 아기를 낳고 산후조리원 동기가 되어 친목을 유지하는 모임이 있었다. 각자 다양한 직업과 성향이었지만 임신과 출산의 고통을 공유하고 같은 기쁨의 순간을 접한 동기로 무척 끈끈한 모임이었다. 한 사람의 초대로 그분들의 컬러 DNA를 봐 주게 되었는데, 공통점을 찾을 수 있었다. 산모 모두 자기 세계가 엄청 중요한 컬러 DNA를 가지고 있었다. 저마다 다른 환경에서 자랐지만 우연히 만나 저마다의 컬러로 하모니를 이루며 만남이 지속되는 이유가 있었다. 혼자만의 세계를 만드는 독창적이고 독립적인 컬러를 가졌다는 공통점이 있었다. 컬러가 비슷하면 사람을 만나면서 느끼는 분위기가 자신도 모르게 비슷하게 작용한다. 한마디로 인간관계 코드가 공통적인 것이 많아서 소통하며 화통하게 지내는 비결이 된다는 것이다. 자기만의 세계가, 자신만의 컬러가 강하기에 새로운 존재(아기)가 늦게 찾아온 것이 아닐까 하는 생각도 했었다.

보통 부부는 보색끼리 만난다. 각자의 장단점을 상쇄하면서 보완 관계를 유지한다. 절묘하게 보색을 이루며 하모니를 만들어 간다. 자신과 다른 컬러에 이끌려 결혼하고 다른 컬러에 지쳐 이혼한다. 한 커플은 같은 컬러 DNA가 결혼을 했고 친구처럼 같은 컬러로 지내는 것이 보였다. 각자의 세계를 존중하며 하고 싶은 대로 자유롭게 살고 있었다. 함께하는 것을 최고의 가치로 두고 있는 나로서는 놀랄 일이었다. 따로, 또 같이 살 수도 있는 모습에서 다른 삶의 모습도 보고 자신의 컬러대로 사는 것이 가장 자연스럽다는 것도 알게 되었다. 가장 아름다운 모습은 자연스러운 모습이다. 자연이 보여 주는 자연스러움이 가장 아름답게 보이는 이유다. 사람도 마찬가지다. 가장 나답게 살아가는 모습의 이면에는 자기만의 색깔대로 살아가려는 노력이 숨어 있다. 자기만의 컬러를 찾아서 자기답게 살아가는 모습이 가장 자연스러운 모습이며 그런 모습이야말로 말로 그 누구도 흉내 낼 수 없는 그 사람만의 고유한 개성을 드러내며 살아가는 모습이다. 가장 자연스러운 것은 저마다의 개성을 뽐내면서도 하모니를 이룰 때다. 자연은 획일과 표준보다 다름과 다양성을 생명으로 살아가는 세계다. 사람도 마찬가지다. 하나의 컬러가 대세를 이루고 주도자가 되는 것이 아니라 다양한 색깔이 저마다의 개성과 재능을 자랑하면서 조화를 이루어 나갈 때 가장 자연스러운 세계가 열린다.

미혼모들을 만나 컬러 상담을 한 적이 있었다. 각자 사정과 상황은 다르겠지만 역시 공통된 컬러 DNA가 있었다. 대범하고 넓은 마음으로 모든 것을 포용하고 지키려는 컬러가 공통점이었다. 자신의 페이스대로 살아가려는 공통된 컬러 DNA가 있었다. 본인도 힘들고 막막하지만 한 생명을 책임지는 모성의 대단함을 지켜보면서 박수를 보내지 않을 수 없다. 약한 여자의 몸이 아닌 강한 엄마의 품에 생명을 품으며 지켜 나가는 사랑에 저절로 응원하게 되었다.

참 신기하다. 공무원 조직에 가면 많은 공통된 컬러가 존재하고, 봉사하는 조직에 가면 또 공통된 컬러가 있다. 저마다 타고난 컬러대로 살아가지만 다른 컬러도 상호관계하면서 조화를 이루며 살아가는 모습이 아름답고, 모두가 다 자기 자리에 있는 듯하다.

가까운 관계일수록 다른 컬러를
이해하지 않으면 상처받는다

한 사람의 기질과 에너지도 중요하지만 역시 관계성이 가장 소중하게 생각되는 것이 가족이다. 현대인들은 대부분 관계로 인해 큰 스트레스를 받고 있다. 인간과 인간 사이의 관계는 지적 능력과 정서적 특징의 발달에 지대한 영향을 미치는 것으로 알려져 있다. 특히 가족관계는 인간관계 중에서 가장 중요하며 자녀와 부모의 관계는 인간의 성장 과정에 중요한 역할을 한다. 가족 중 비슷한 컬러 DNA는 서로 이해가 잘 되고 잘 지내는 반면, 이상하게 가족 중 유별나다고 생각되고, 안 맞다고 생각되는 가족은 다른 컬러 DNA를 가졌다. 너무나 달라 성인이 된 후 바로 독립을 한 사람에게 물었다. 무엇이 제일 힘드냐고 말이다. 이해받지 못하는 점이 힘들었다고 한다. 나와 다른 컬러 DNA는 내가 이해하기 어려운 인성과 성격, 사람을 대하는 방식과 스타일을 가지고 있다. 내가 이해할 수 없다고 틀린 것이 아니라 내가 이해할 수 없기 때문에 더욱 신중하게 대해야 한다. 나는 나만의 컬러를 갖고 있듯이 상대방도 나와 다른 컬러로 자신의 개성을 발휘하며 살아간다. 다름과 차이 속에서 좋은 사이를 만들어 가는 노력이 인간관계의 핵심이다. 자신의 컬러 DNA를 알고 나니까 자신이 그동안 무엇 때문에 그랬는지 본인이 이해가 되는 시간이어서 기쁘다고 했다. 누가 알아주지 않아도 나는 내가 알아주면 된다. 내가 나를 잘 알아야 하는 이유다. 내가 나를 데리고 살 것이니까.

부모라고 다 베푸는 부모가 아니고 자녀라고 다 받기만 하지도 않는다. 서로의 타고난 에너지가 반대로 지지하는 경우도 있다. 아이 같은 순진한 부모가 있으면 부모에게 훈계하는 컬러 DNA를 가진 아이가 있다. 부모가 아이의 타고난 성격을 모르면 아이의 단점만 크게 보게 되고 부정적 피드백을 줄 수 있다. 자립형 아이로 키우려고 강하게 키우려는 부모의 직설적인 표현으로 자존감을 다치는 아이를 볼 수 있다. 적당한 거리를 두고 지원하는 부모는 오히려 아이가 거리감을 느끼고 압도될 수 있다. 보호하려는 부모는 끊임없는 염려로 아이를 지치게 할 수도 있다. 다양한 경험을 주려는 부모는 끊임없는 새로운 시도로 아이가 싫증을 낼 수도 있다. 목표 중심형 부모가 과도하게 성취해야 한다고 요구할수록 아이가 주눅 들 수도 있다. 100명의 아이가 있으면 100가지의 양육법이 존재한다고 한다. 우리 아이가 어떤 에너지의 성향인지를 먼저 알고 아이에 맞게 돌보는 양육이 가장 현명하고 훌륭한 부모가 되는 길이다.

Stressed를 뒤집으면
Desserts가 된다

조직 내에서도 다양한 기질과 컬러별 다른 에너지를 품고 있는 직원들이 함께 어울려야 하는 경우가 생긴다. 서로 다르기에 불편함은 존재한다. 같은 성향끼리는 호흡이 편할 수 있지만 서로 자극을 주며 성장으로 이끄는 노력은 부족할 수도 있다. 다른 성향끼리는 우선 당장은 관계 형성 과정이 힘들지만 부딪히면서 서로에게 도움이 되는 낯선 자극을 주며 성장을 할 수도 있다. 유전학을 연구하는 교수님께서 이야기해 준 적이 있다. 실험용 쥐를 수입하는 데 있어 먼 길 배편으로 오느라 지치고 죽어 가는 쥐 때문에 고민이었는데 한 가지 방법을 찾았다고 했다. 생쥐들 사이에 고양이 한 마리를 같이 싣고 오면 된다고 한다. 살려고 긴장하는 스트레스 속에서 생쥐들의 생존율이 높아졌다고 했다. 나와 다른 컬러를 가진 사람이 주는 낯선 자극은 우선 당장은 큰 스트레스로 작용할 수도 있다. 낯선 자극이 없다면 사람은 낯선 생각을 잉태할 수 없다. 나와 다른 컬러를 갖고 있는 사람이 나와 다른 생각으로 접근할 때 내 생각도 비로소 낯선 생각을 잉태할 수 있다.

직장 생활을 하는 사람치고 스트레스 없는 사람은 없다. 만약 스트레스가 하나도 없는 환경에서 일하면 건강하다고 생각할지 모르지만 오히려 사람의 성장 과정에는 크게 도움이 되지 않을 수도 있다. 야생에서 자라는 노지 배추가 하우스에서 기른 배추보다 스트레스 강도는 훨씬 높다. 두 가지 배추로 김치를 담가 먹으면 사람의 입맛에 따라 다르겠지만 어떤 배추로 담근 김치 맛이 더 좋을까. 야생의 배추는 스트레스를 더 많이 받아서 더 맛있다는 주장이 더 설득력 있게 다가오는 이유는 무엇일까. 'Stressed'를 뒤집으면 놀랍게도 'Desserts'가 되지 않는가. 스트레스를 받으며 견뎌 내는 삶이 어느 정도 내성도 생기고 시련과 역경을 견뎌 낼 수 있는 내공도 생긴다. 이런 점에서 스트레스는 언제나 스트레스로만 작용하지 않는다. 스트레스가 디저트처럼 달콤하지는 않지만 달콤한 결과를 가지고 온다면 스트레스를 무조건 피해야 할 나쁜 것으로 간주하는 것도 잘못된 삶의 자세라고 생각한다. 스트레스가 있는 삶은 우선 당장은 숨 가쁘고 견뎌 내기 힘들지만 낯선 환경, 낯선 존재들 사이에서 우리를 더 깨어 있게 하는 힘은 아닐까?

가수 BTS의 음양오행과
컬러 DNA로 풀어 본 위대한 하모니

가수 BTS의 컬러 DNA를 생년월일로 풀어 본 적이 있다. 궁금하면 한번 알아볼까? 기질은 기후와 같아서 좀처럼 바뀌지 않는다. 반면 컬러 DNA는 날씨 같아서 다르게 표현될 수 있다. 선천적으로 타고난 씨앗 컬러인 인지컬러는 그 사람의 가치관과 사고방식에 영향을 주고, 행동컬러는 그 사람의 일과 사람 관계 시 주로 나누는 에너지컬러이다. 즉, 인지컬러는 내가 생각하는 나이고, 행동컬러는 남이 생각하는 나로 느껴질 수 있다.

리더 RM

쇠의 음의 기질(보석), 인지컬러는 핑크, 행동컬러는 인디고다. 보석의 기질은 엘리트의식이 있고 특별하다는 느낌과 감수성이 풍부하다. 품행이 방정하여 품격에 어긋나는 것을 싫어하는 기질이다. 씨앗컬러가 pink로 사람을 소중히 여기고, 애정이 풍부하여 다른 멤버가 돋보이게 돕는다. 행동컬러가 indigo로 성실함과 유능함이 돋보이며 머리가 좋은 완벽주의자 성향과 일에 몰입하여 만들어 내는 힘이 뛰어나다.

진

나무의 양의 기질이며 인지컬러는 indigo, 행동컬러는 orange다. 나무의 기질은 강직함과 자기 기준이 분명하고 독립심이 강하다. indigo는 두뇌적 사람으로 춤과 안 맞는 듯하지만, 행동컬러의 orange로 인해 장난꾸러기, 아이 같은 에너지가 보인다. 즐거운 분위기를 주도하는 분위기 메이커 에너지로 파워풀하다.

슈가

대지의 음의 기질이고 인지컬러는 green, 행동컬러는 bluegreen이다. 땅의 기질은 느긋하고 침착하게 받아들이는 마음의 넉넉함이다. 인지컬러인 green은 휴머니스트로 평화주의자이며, 행동컬러 blue-green은 지긋하게 자신의 속도를 중요시하며 여유 있는 삶을 꿈꾼다.

살피지 않으면 보살필 수 없다

전체적으로 사람들과 잘 어울리지만 혼자 쉬는 시간이 중요하다.

제이홉

나무의 음(꽃) 기질이고 인지컬러는 red, 행동컬러는 magenta이다. 꽃의 기질은 겉은 부드럽지만 속은 강인한 외유내강 스타일이다. 인지컬러인 Red는 행동력 있고 적극적이다. 목적을 갖고 몸을 움직이는 열정맨이다. 행동컬러인 magenta는 배려심 많고 일을 잘한다. 레드와 마젠타의 강한 에너지를 꽃의 기운으로 주위를 맞추며 부드럽게 쓰는 제이홉의 에너지가 나는 제일 먼저 눈에 들어와서 매력적으로 끌렸다. 그의 춤은 끼가 넘친다.

뷔

나무의 음(꽃) 기질이고 인지컬러는 pink, 행동컬러는 bluegreen이다. 제이홉과 같은 꽃의 기질로 둘은 천상 연예인이다. RM과 같은 인지컬러 pink는 섬세하고 자상한 에너지다. 슈가와 같은 행동컬러 bluegreen은 실속파로 자신의 꿈을 위해 끈기 있게 나아가는 에너지다.

지민

불의 음(촛불) 기질이고 인지컬러는 green, 행동컬러는 pink이다. 촛

불의 기질은 자신을 몸을 녹여 주위를 따뜻하게 밝히는 촛불처럼 헌신적 해결사다. 힘들어도 보이지 않고 웃어 주는 에너지다. 인지컬러 green은 모든 것을 공유하고 싶어 하고 사람에 대한 애정과 사랑이 많다. 행동컬러 pink도 사랑 그 자체다. 주변 사람들은 지민으로부터 위로와 사랑을 받을 듯하지만 정작 본인은 다른 사람 보살피느라 자신을 얼마나 수용하고 돌보는지에 대해서는 나도 궁금하다. 지민은 사랑 그 자체의 에너지다.

정국

불의 양(태양) 기질이고 인지컬러는 magenta, 행동컬러는 bluegreen 이다. 태양의 기질은 낙천적이고, 밝고 열정적인 에너지다. 만인의 연인으로 애정도 많고 전달하는 힘도 있다. 인지컬러 magenta는 세상의 중심은 나이고, 대범하며 자존감이 강하다. 행동컬러 bluegreen는 자신이 정한 최종 목표에서 최후의 승리자의 에너지다. 막내지만 가장 강한 에너지다.

컬러 DNA는 타고난 성향이 이렇다는 것이지 성격을 단정 짓는 것은 아니다. 지금 쓰고 있는 에너지는 다른 컬러를 쓸 수 있다. 우리가 마음먹는 대로 모든 성향을 가질 수 있다. 타고난 에너지가 나에게 쉽게 나올 뿐이다.

살피지 않으면 보살필 수 없다

방탄의 관계도에서 정국과 지민의 불의 기질이 리더 RM의 쇠를 녹이지만, 쇠의 기질인 RM을 토의 기질인 슈가가 품고, 토의 기질인 슈가를 불의 기질인 지민과 정국이 정화시키고, 불의 기질인 지민과 정국을 목의 기질인 진과 제이홉과 뷔가 돕는다. 진과 정국의 두 양의 기질이 주도권을 잡고자 하지만 다른 멤버들이 조화를 이루는 관계도이다.

방탄의 음양오행과 컬러 DNA는 조화로웠다. 조직 속에서는 양의 기질이 많으면 좀 더 힘든 구조가 되는 듯했다. 해체하는 아이돌 그룹들의 에너지가 그랬다. 발산하는 에너지 속에는 수렴하는 에너지가 필요하다. 자신의 길을 멋지게 펼쳐 가는 글로벌 그룹 방탄 멤버의 에너지는 서로 자기답게 컬러풀하기도 하지만 받쳐 주고 맞춰 가는 에너지가 펼쳐지는 것 같다. 직장에서 가장 많은 시간을 보내는 동료들이 관계에서 제일 힘들어한다. 분명 그 사람 때문에 힘든데, 사실은 나의 해석이 나를 힘들게 한다. 컬러가 태생적으로 맞지 않아서 하나부터 열까지 코드가 안 맞는 경우가 비일비재하다. 저마다의 컬러가 때로는 경쟁 관계에서 다투기도 하고 상생 관계로 서로 간에 도움을 주는 호혜적 관계로도 거듭난다. 나와 다른 사람이 하늘의 별보다 많다. 나와 다른 사람은 나와 어울릴 수 없는 사람이 아니라 나와 다르게 사람을 만나고 나와 다르게 가치관을 추구하면서 살아갈 뿐이다. 힘들게 모든 걸 나의 기준에 맞게 끌어당겨 스트레스받을 필요가 없는 이유다.

신규 직원이 들어왔다. 조용하고 침착하고 참한 에너지다. 느리지만 자기 할 일을 정확히 하고자 노력했다. 시간이 흐르면서 신규가 지닌 장단점에 맞게 주변 환경에 적응하고 인간관계를 맺어 가게 도와준다. 기다려 주면 되는데 그 전에 나만의 컬러 해석대로 평가해 버린다. 나의 방식대로 일방적으로 판단하고 재단한 다음 나의 기준에 맞게 구분해서 명명하고 주장하면 관계가 어긋난다. 신규가 '네' 하면서 말을 잘 듣고, 따르는 것 같은데 느껴지는 에너지는 어쩐지 내 상사 같다는 느낌 알까? 말이 없는데 힘이 뿜어져 나오는 기운을 알까? 내가 에너지를 이해하지 못했다면 좀 더 혼란스럽고 오해했을 것이다. 갖고 태어난 컬러 에너지가 내 상위였다. 가만 있어도 날 무시하는 것 같고, 조용한데 내가 지는 것 같은 느낌이다. 그게 서로가 벌이는 에너지 게임이다. 보통 아래 연차가 에너지가 더 높으면 괜한 시비가 절로 나오고, 트집이 잡힌다. 정확히 내 안에서 느껴지는 에너지 차이를 알아차리고 나면 있는 그대로 신규가 보이지만, 나의 잘못된 해석은 나를 고통에 빠지게 하고 그 사람과 관계를 꼬이게 한다. 잘못된 해석이 얼마나 많은 고통의 시나리오를 만들어 낼 뻔했는가? 오늘도 직장이라는 전쟁터에서 인간관계 속에서 인간을 배우기 위해 고군분투 노력한다. 컬러와 또 다른 컬러가 만나서 나 혼자 힘으로 해낼 수 없는 아름다움이 창조되기까지 우리는 아직도 갈 길이 멀다. 배움의 끈을 놓지 말아야 하는 이유다.

살피지 않으면 보살필 수 없다

06

오리무중 했던 관계,
음양오행으로 오색찬란하게 풀어내다

　　2015년에 맺어진 인연으로 시작하여 에너지사이언스 이영좌 교수님에게서 받았던 컬러 수업과 CPA 수업은 나를 좀 더 깊게 이해하는 장이 되었다. 그중 음양오행은 낯선 개념과 단어로 어려웠지만 곧 그 깊은 매력에 감동했다. '인성도 능력이다'를 강조하시는 이영좌 교수님의 수업으로 우리가 관계 속에서 놓친 것들이 무엇인지를 더욱더 잘 보게되었다. 이영좌 교수님께서는 그 어렵다는 음양오행 수업을 쉽고도 명료하게 이해시켜 주셨다. 더욱더 알고 싶은 마음이 일게 만들곤 하신다. 다음 두 단락은 수업에서 발췌한 내용이다.

　　인간의 생성과 소멸은 우주의 순환 이치와 같으며 태양과 수성, 목성, 화성, 토성, 금성이 달과 지구가 멀어지고 가까워질 때 생기는 변화 속에서 우리는 영향을 받으며 살고 있다. 지구의 원소는 물, 불, 나무, 흙, 쇠의 오행으로 이루어져 있다고 배웠다. 사서삼경의 하나인 『서경』의 원문에 이렇게 표현한다. "수(水)는 적시어 내려감을 말하고, 불(火)은 불꽃이 세차게 타오름을 말하며, 목(木)은 굽음과 곧음을 말하며, 금(金)은 따름과 혁심함을 말하며, 토(土)에서는 곡식을 심고 거둔다." 자연의 성질에서 우리의 기질도 풀 수 있다. 우리도 자연의 일부이기 때문이다.

음양오행은 우주만물과 존재를 이해하는 동양 철학적 관점이며, 세상만사의 이치를 설명하는 과학적 설명 체계임에도 불구하고 옛날 방식의 고리타분한 비과학적 미신이라는 편견이 있다. 그럼에도 불구하고 음양오행이 서양 현대 물리학에 영향을 준 것은 사실이다. 아인슈타인이 음양 개념에서 힌트를 얻어 상대성이라는 단어를 가려냈다는 일화부터, 양자역학의 아버지 닐스 보어가 음양의 이치를 담은 태극 문양에서 힌트를 얻어 양성자(+)와 전자(-)로 이루어진 원자 모델을 발견 후에 태극마크를 가문의 문장으로 삼았다고 한다. 동양 철학의 놀라운 성취와 자연과 우주를 풀어내는 놀라운 세계에 빠지지 않을 수 없다. 나는 음양오행으로 자연과 나와의 관계, 사람들과 나와의 관계의 균형과 조화를 깨우쳤다.

고미숙 작가의 『나의 운명 사용설명서』[3]에 나오는 구절을 인용하면 다음과 같다. "태아 적엔 엄마와 심장이 연결되어 있어서 단전 호흡을 한다. 그런데 엄마 배 속을 나오면서, 다시 말해 선천에서 후천의 세계

---

3) 고미숙, 『나의 운명 사용설명서』, 북드라망, 에너지사이언스, 2012, 67쪽.

로 넘어오는 순간 폐 호흡으로 바뀐다. 태어나자마자 처음으로 '으앙' 하고 울음을 터뜨리게 되는데 그때 우주의 기운이 호흡을 통해 아기의 신체에 각인되는 것이다." 한마디로 존재와 우주 사이의 첫 번째 마주침, 그 '인증 샷'이라고 한다. 『명리심리학』[4]을 쓴 양창순 정신과 의사는 오행을 융이 말하는 태고 유형에 해당한다고 생각했다. 융은 "개인이 태어난 세계의 형태는 이미 잠재적 이미지로서 선천적으로 그에게 갖추어져 있다"라는 말로 우리의 집단 무의식을 설명했다. 태어날 때 받은 오행의 순환원리로 움직이는 우주의 기운과 이미지가 인간의 오장육부에 그대로 각인되기 때문이다.

『커뮤니데아』[5]에서 유영만 교수는 타고난 오행을 아는 사람만이 관계를 바꾸고 운명을 창조한다고 했고, 오천 년 음양오행 사상에서 소통의 비밀 코드를 찾았다. 소통은 타자와의 대화를 통해 나의 위치를 점검하는 과정이기도 하지만 무엇보다 내가 태어날 때 내 몸에 각인된 우주의 기운, 그 숙명의 사주팔자가 알려 주는 나는 누구인가를 파고들어 가는 부단한 대화의 과정이라고 했다. 사주팔자는 음양오행이 만든 내 운명의 DNA며, 나만의 고유한 탄생 비밀이 들어 있다고 한다. 나에게 어울리는 소통방정식을 찾는 길을 시인 파블로 네루다는 "나였던 그 아이, 사라진 게 아니라 그동안 내가 찾지 않아서 잠시 숨죽이며 내 안에 갇혀 있는 그 아이"를 찾는 길이라고 말했다. 오행의 기운

---

4)   양창순, 『명리 심리학』, 다산북스, 2020.
5)   유영만·오세진, 『커뮤니데아』, 새로운제안, 2015.

은 사람의 성격과 기질 형성에 영향을 미친다. 이것이 커뮤니케이션하는 방식과 인간관계를 형성하는 방식에도 영향을 미친다. 오행에도 서로 기운을 주고받는 상생과 기운을 서로 빼앗은 상극이 존재하듯, 커뮤니케이션에도 서로 소통이 잘 되는 상생, 쉽게 불통이 되는 상극의 관계가 있다. 오행을 통해 커뮤니케이션 스타일을 찾는 이유는 상생과 상극이 되는 상대를 정확하게 파악해야 이에 상응하는 소통 방식을 결정할 수 있기 때문이다.

음양오행을 기반으로 인간관계 속에서 주고받는 에너지 흐름을 파악해 보자. 우리는 모두 소우주로 우주의 에너지가 흐르며, 에너지로서 서로를 느낀다. 우리는 몸을 가진 물질인 동시에 보이지 않는 에너지체이기도 하다. 몸의 질서로 보면 자석같이 같은 걸 싫어하고 다른 것을 끌어당긴다. 에너지체(기운)로서의 우리는 같은 것을 끌어당겨 공명한다. 그렇게 인간은 물질인 동시에 에너지이다. 몸을 가진 에너지체이다. 반대의 성향이 끌리면서도 같은 성향이 편안한 이유이다. 우리 집을 예로 들면, 나는 토의 음이며 남편도 같다. 딸은 목의 음이고, 아들은 화의 음이다. 네 사람 모두 음의 기질로서 주변과 조화롭게 품어주는 기반과 편안하게 이끄는 기운으로 수렴하는 기운이다. 한마디로 조용한 가족인 셈이다. 서로 갈등과 충돌은 적다고 본다. 에너지상으로 큰 역동은 없다. 그래서 우리 집엔 음의 에너지인 고양이보다 양의 에너지인 강아지가 필수였던 것 같다.

부모 둘 다 토의 기질인 것은 대지로서 살아갈 공간과 품어 주는 역할을 한다. 지지하고 중재하는 포용의 기운을 대지가 갖고 있다. 꽃은 상승하는 목의 기운을 갖고 있다. 딸은 목의 기운을 갖고 상승 에너지를 뿜어 가족의 화합을 도모한다. 부모는 딸이 나무로서 뿌리를 내리고 성장할 수 있는 토양을 조성한다. 흙은 모든 생명체가 대지에 뿌리를 내려 미생물을 생기게 할 뿐만 아니라 모든 생명체가 성장 에너지를 받아 생명력을 가지게 해 준다. 예를 들면 황무지가 아니라 나무가 무럭무럭 자랄 수 있는 땅으로 말이다. 부부 모두 토의 기질로 우리는 서로 크게 싸워 본 적이 없다. 서로 그저 말 없는 지지자가 되어간다. 그러나 음양오행은 절대적이지 않고 상대적이라 둘 다 음의 기질에서는 누군가가 양의 역할을 한다. 누구에게나 다 받아 주는 나의 음의 기질이 남편과의 관계에서는 양의 역할을 하는 것처럼 말이다.

　딸의 꽃처럼 상승 기운을 지닌 목의 기질은 거친 장벽을 뚫고 나가는 힘이 있으며, 항상 의도하는 목적지를 향해서 나아가고자 한다. 목에게는 언제나 방향성이 중요하다. 목의 음 기질은 나무처럼 위로 자라는 상승 기운을 갖고 있지만 꽃처럼 뿌리는 있되 흔들리는 유연함을 가지고 있다. 가족 관계에서 유연함을 주지만 뿌리가 있어 자기만의 고집이 있다. 아들의 촛불 같은 화의 기질은 사방팔방 튀는 불이지만 따뜻하고 정이 많다. 자신의 몸을 태워 주위를 밝혀 주는 촛불처럼 따뜻하고 착하지만 남들이 알아주지 않는 경우에는 늘 억울하다는 말을 입에 달고 산다.

아들의 불의 기운은 우리 부부인 땅을 정화시키고, 목의 기질을 갖고 있는 딸은 땅의 기운을 받고 꽃을 피우며 위로 성장하며 어울리는 관계이다. 우리 집에 물이 필요했는데 반려견(조랭이)의 음양오행을 풀어 보니 물이다. 사막에 오아시스 같은 희망수가 들어온 것이다. 우리 가족이 주고받는 기운을 살펴보면, 반려견은 꽃에 물을 주어 딸과의 관계는 다정하며, 불인 아들과는 기 싸움을 종종 하며, 땅인 우리 부부에게는 촉촉이 적셔 준다. 이영좌 교수님의 음양오행 수업 내용에서 기억나는 것은 에너지 궁합이 잘 맞는 상생의 존재만 좋고, 상극은 피해야 하는 것은 아니라고 했다. 상생이 호흡하기는 편하지만 새로운 창조는 극을 통해 일어난다고 한다. 물과 불이 상극이지만 불이 물을 끓여 밥을 만들어 내고, 금이 목을 친다고 하지만 나무에 쇠를 달아 도끼로 만들어 도구로 쓰게 될 수 있다는 것이다.

타고난 성향을 음양오행의 관계로 풀어 봤지만, 사람을 고정하고자 하는 의도는 아니다. 음양 관계는 절대 고정되지 않는다. 서로 상관관계 속에서 순환한다. 내 역할, 내 에너지를 한계 짓고 싶지는 않다. 변화무쌍한 기운이 모두 내 안에 있지만 타고난 것을 그저 알아보고 이해하고자 한다. 음이 양을 만나고 같은 음이라도 양의 기운을 어느 정도 갖고 있는 음인지에 따라 음의 인간관계는 변화무쌍하다. 양도 마찬가지로 똑같은 양이 아니다. 같은 목과 화의 기운을 갖고 있어도 어떤 음의 기운을 갖고 있는 사람을 만나는지에 따라 전혀 다른 인간관계 속에서 에너지를 주고받는다. 음양이 만들어 가는 관계는 정적인 상태가 아니라 역동적으로 에너지를 주고받으면서 지속적으로 변화되는 동적인 관계다. 관계 속에서 에너지가 쉼 없이 흐르기 때문이다.

07

컬러 테라피, 관계 테라피스트의
관계 회복 비밀 처방전

간호사뿐만 아니라 소방 공무원, 장기 이식 노동자, 학교 선생님과 학생들 등 직업별로 컬러 강의를 다닐 때는 참 다양하고 재밌었다. 참 신났던 기억이다. 소방관 강의에 나갈 때 직업 조사를 하다가 알게 된 것은 함께 일하고 있는 간호사 중에서 소방관과 결혼한 사람이 많다는 사실이었다. 간호사들에게 소방관과 결혼하여 좋은 점은 무엇인지를 알아봤다. 서로 교대 근무하는 사람이라 이해를 잘해 주는 것이 좋지만 불이 크게 났을 때 출동하여 며칠 집에 못 들어올 때 걱정이 많이 된다고 했다. 남편에게도 어떤 것이 힘드냐 직접 물어보니 사이렌 같은 소리에 무척 예민하고 쉬는 날에도 휴대전화를 손에서 못 놓는 것이라고 했다. 소방관도 안정이 많이 필요한 직업이구나, 항상 긴장 속에서 사는구나 하는 것을 느꼈다.

사람은 저마다의
컬러대로 살아간다

　소방관과 간호사의 공통점을 어디서 들었던 기억이 났다. 생(生)과 사(死)를 오가며 현장에서 엄청 뛰어다니고, 밥을 거의 마시면서 일하고, 생명과 직결된 중요한 일을 하면서도 대우는 그만큼 못 받는 직업. 간호사 언니, 소방관 아저씨 소리를 들으며, 피를 보는 직업이란다. 무척 공감 가는 이야기였지만 실제 강의에 가서 소방관들이 뽑는 컬러는 내가 생각했던 레드보다 블루가 많았다. 소방관도 화재 진압반뿐만 아니라 행정반 등 4개의 부서로 나뉜다는 사실도 알게 되었다. 공무원 성향인 사람이 더 많았던 느낌이다.

　강의 시 컬러 바틀을 가지고 사람들에게 앞에 나와서 바틀을 뽑게 한다. 인간은 전자기장으로 이루어졌고 에너지장이 흐른다. 그 에너지를 그 사람의 기운, 느낌, 파동이라고 한다. 어떤 사람은 함께 있으면 편안하고, 또 어떤 사람은 가까이 가기엔 너무 먼 느낌이 들 수 있다. 그래서 좋은 사람과 함께하면 기분 좋고, 의식 높은 사람과 있으면 함께 성장한다고 한다. 집에 들어갔는데 콩나물을 다듬고 있는 엄마나 와이프의 뒷모습을 보고 오늘은 조심해야겠다고 느끼고 조용히 방으로 들어가는 것은 그 사람의 에너지, 즉 파동을 느끼기 때문이다. 직장에서는 오늘 아침 부장님이 아무 말씀도 안 하시지만 딱 봐도 뭔가 심상치가 않구나 긴장의 에너지를 느끼는 것, 그것이 오라(aura), 기(氣)다.

오라 또는 아우라는 다른 말로 하면 파동이고, 파동은 빛이고, 빛은 컬러다. 내가 가진 생각이나 감정이 파동으로 나오고, 생각과 감정도 에너지여서 보이지는 않지만 오라를 찍으면 실제로 컬러로 보인다. 나의 생각과 감정, 에너지와 컬러 바틀이 공명하여 지금의 나를 보여 준다. 사람들을 직접 나와서 컬러 바틀을 뽑게 하면 뽑는 방식도 다르다. 거침없이 나와서 의자에 앉기도 전에 레드 바틀을 바로 뽑는 사람, 앞에 와서도 한참을 고심고심하다가 겨우 뽑는 옐로우 바틀, 조용히 뽑고 나가는 블루 바틀… 사람들이 많이 나가는지 안 나가는지 둘러보다가 쓸데없는 배려로 정작 자신은 못 나오는 핑크바틀… 그 사람을 알기도 전에 난 뽑은 바틀만 봐도 사람들의 성향이 보인다.

평소 좋아하는 컬러가 있지만 신기하게도 멀리서 보고 끌리는 컬러가 있어 나왔는데 바로 앞에서는 다른 컬러가 보인다고 많이 얘기한다. 컬러 바틀과 자신의 물리적 에너지가 영향받는 30㎝ 앞에 오면 지금의 나의 성향, 기질, 에너지와 공명하는 컬러를 뽑게 된다. 사람들에게 여러 컬러가 있을 수 있지만 그날 뽑은 컬러는 그날의 자신의 성향이라고 설명한다. 컬러를 나를 이해하는 도구로서 지금의 에너지를 정확하게 표현해 줘서 놀랄 때가 많다.

우리가 자신을 볼 수가 없고 거울이 있어야 비로소 자기가 보이듯이, 컬러 바틀도 거울 역할을 한다. 나의 생각, 감정, 에너지를 거울처럼 비춰 준다. 나는 거울 말고도 또 자기를 비춰 주는 것은 옆에 있는

살피지 않으면 보살필 수 없다

사람들이라도 생각한다. 강의 시에 옆에 있는 사람들을 쳐다보라고 하면 갑자기 웃음이 나오기도 하고, 어색하기도 하고, 서로 쳐다보지 않는 이들도 있다.

그림자는 없애야 할 '문제'가 아니라
나를 드러내는 또 다른 '화제(話題)'다

사람들과의 관계에서 그 사람의 에너지에 어떻게 반응하는지, 어떻게 해석하는지를 보면 나의 컬러를 더 이해할 수 있게 된다. 다른 사람을 통해 내가 확인된다. 타인을 탓하거나, 타인과의 불편한 점이 있다면 내 안에서 무엇이 건드려져 문제처럼 느껴지는지 볼 필요가 있다. '아, 내가 이렇게 생각하고 있어서, 내가 이런 부분을 싫어하고 있어서 저 사람이 불편하구나' 하고 알아차린다면 훌륭한 성찰이 된다. 그렇게 내 안을 볼 수 있다면 살아가는 데 명료함과 가벼움을 느낀다. 봤던 사람은 안다. 다 내 안에 있는 것이 자극되어 표현된다는 것을. 그래서 정직이 사람들을 가볍게 살게 한다. 감출 것이 없고 있는 그대로를 두려움 없이 보일 수 있고, 가려진 막이 없는 가벼움이 우리를 얼마나 자유롭게 하는지를. 사람들은 거짓말을 하지만 컬러는 거짓말을 하지 않는다고 경험에서 배웠다. 의의로 자신을 잘 알고 있는 사람이 드물었다. 컬러에게서 우리를 이해받는 기분이 드는 것이 이 정직함이라고 생각한다. 내가 모르는 나의 에너지를 바로 보여 주는 것. 그것을 인정했을 때 우리는 다음 스텝으로 나아갈 수 있다.

컬러 강의 시에 컬러 테라피로 사람들에게 전달하려는 것은 컬러를 통해서 나의 성향을 보고, 내가 가지고 있는 것을 있는 그대로 보기 위해서이다. 우리는 모두 다르다는 것, 모든 컬러에는 빛과 그림자가 있다는 것, 우리의 그림자를 어떻게 볼 것인가 하는 것이다. 빛은 좋은 것이고, 그림자는 나쁜 것이라는 판단을 하고자 하는 것이 아니라 있는 그대로 볼 수 있다는 것이 무엇인지 알려 주고자 한다. 빛과 그림자에도 그 사람 특유의 컬러가 드러난다. 컬러는 빛에만 존재하지 않고 빛의 또 다른 측면인 그림자에도 그 사람 특유의 컬러가 잠자고 있다. 빛보다 그림자 속에 그 사람의 진면목이 숨어 있을 수도 있다.

3살 된 조카를 데리고 놀이터에 갔는데 자신의 발밑에 있는 그림자를 처음 봤는지, 놀라서 자꾸 도망치다가 계속 따라오니까 나에게 매달려 무섭다며 울었다. 너무 귀여워 한참을 웃었는데 그 과정에서 빛과 그림자에 대한 생각을 했다. 그림자는 빛과 한 세트이며 떼래야 뗄 수 없는 사이라는 것을, 그냥 우리들과 함께 있는 것이라는 사실을, 빛이 있으면 당연히 그림자가 있다는 것을, 그리고 그림자는 먼 사람보다 가까운 사람에게 잘 보인다는 것을 말이다. 그래서 가족은 그림자 집단이라는 했던 안진희 선생님의 말씀이 떠올랐다.

살피지 않으면 보살필 수 없다

가까이 살고 있는 가족끼리 서로의 그림자를 보며 놀라고, 싫어하고, 힘들어하는 것이구나. 그래서 바꿔 주려고 그렇게 자기 방식대로 열심히 살기에 서로가 지치는구나. 가장 사랑하는 사람들이 가장 크게 상처를 주는 이유가 빛과 그림자에 있었다. 그러니까 한마디로 컬러 테라피는 잘 보자는 것이다, 나의 빛과 그림자, 너의 빛과 그림자를. 나를 올바로 이해하고, 타인을 바로 보고, 올바른 사랑을 하자는 것이다.

모든 컬러 바틀에는 빛과 그림자가 있다. 이 세상에는 빛이 있으면 그림자가 있다는 것을 우리는 안다. 그런데 우리의 성향에도 빛과 그림자가 있다는 것을 그냥 보지 못한다. 보통 사람들은 빛은 좋은 것, 그림자는 나쁜 것이라고 판단한다. 그림자를 문제로 본다. 문제라고 생각하면 틀리다고 생각하고, 틀리다고 생각하면 바꾸려고 하고, 고치려고 한다. 빛은 당연히 있는 거라는 생각으로 인식을 못 하지만 그림자는 없어야 하는 것처럼 눈에 거슬리게 너무도 잘 본다. 그림자가 문제라는 인식, 그래서 그 문제를 반드시 해결해서 없애야 한다는 인식이 강할수록 문제가 오히려 더욱 심각해질 수 있다. 그림자 역시 한 사람이 보여 주는 또 다른 얼굴이라고 생각해야 한다. 그림자는 나와 동거할 수 없는 문제가 아니라 나를 전혀 다른 측면으로 드러내 주는 화제(話題)다.

컬러는 한 사람의 진면목을
알려 주는 킬러다

정말 사람들은 모두 다르다. 컬러도 여러 가지 색으로 다른 것이 참 예쁘다. 모두 똑같이 빨갛게 태어나는 게 아니라 서로 다른 컬러대로 태어나니까 아기들도 다 예쁘다. 컬러들도 저마다 깊은 존재의 이유를 가지고 있는데, 사람들의 다름은 오죽할까? 그렇지만 커 가면서 이 다름이 마냥 예쁘게만 보이지 않는다. 사실은 다름으로 인해 참 불편하다. 어떻게 저렇게 행동하고 말할까 이해도 되지 않고 짜증이 날 것이고 서로 에너지 대결하느라 진을 뺄 것이다. 직장에서도 사람들의 사이를 보면 레드와 블루, 레드와 옐로우, 옐로우와 블루 사이에서 참으로 불편한 관계를 겪는 것을 자주 볼 수 있다. 컬러에서 다양한 표정을 보자. '나와 맞지 않다'가 아니라 다름을 보자.

컬러 바틀로 사람들을 만났을 때 빛의 측면을 얘기하면 잘 믿지 않는다. 좋은 말이구나 생각하고 마음에 안 와닿고 내가 설마 그런 면이 있겠냐 하고 웃어넘긴다. 그런데 그림자 측면을 얘기하면 너무나 수긍을 잘한다. 완전 자기 이야기라며 자기의 그런 점이 너무 싫다며 어떻게 알았냐며 흥분한다. 우리가 우리 그림자에 얼마나 집중되어 있는지가 보이는 부분이다. 컬러 강의 시에 시간 관계상 많은 컬러를 풀어 주기는 어렵고, 3가지 컬러로 서로 다름이 어떤지 설명하고 거기에 따르는 빛과 그림자를 설명한다. 빛과 그림자를 얘기하는 것은 나의 빛이

살피지 않으면 보살필 수 없다

무엇인지 알아보고, 항상 그림자를 문제시하기 때문에 우리를 고통스럽게 하는 그림자를 우리는 어떻게 대하는지 보게 하기 위함이다. 블루(평화 바틀), 레드(에너지 바틀), 옐로우(수확 바틀) 컬러 바틀의 이야기를 해 보려 한다.

블루 컬러,
하늘과 바다를 닮은 평화주의자

블루 바틀을 똑같이 뽑고서도 서로 느낌이 다를 수 있다. 자신의 에너지대로 느낀다. 편안하고 시원하다고 말하는 사람도 있고 차갑고 냉정하다고 느끼는 사람도 있다. 칼라는 자연에서 왔기 때문에 컬러가 상징하는 것과 사람의 성향이 닮아 있다. 블루 컬러는 하늘과 바다가 대표적이다. 넓고 크고 변함없고 한없이 받아 줄 것 같은 편안함이 느껴진다. 블루의 성향은 하늘과 바다를 닮아서 평화주의자이다. 블루 성향의 아이들은 잘 먹고 잘 자고, 있는 듯 없는 듯 키우기가 편안하고 크면서는 모범형 기질이다. 그랬던 아이가 사춘기를 지나면서 아무것도 안 하고 게임만 하게 되면 엄마는 답답해서 미치게 된다. 어떻게 저렇게 태평인지. 닦달을 하게 되면 아이는 더욱더 자기 방 안에서 나오지 않을 것이다. 블루는 알아서 스스로 책임지는 속성이 있지만 갈등 상황이 생기면 피하는 게 본능이다. 블루의 성향 사람에게는 평화롭지 않은 것이 아주 큰 문제다.

갈등과 분쟁이 생기면 멍해지고 피하게 된다. 남자의 속성이 블루가 많아서 스트레스가 있으면 멍해지고 모르는 상태가 되며, 자기만의 장소로 들어가서 잠만 자게 되는 경우가 많다. 병원에도 남자 간호사가 늘고 있다. 가까운 부서에 남자 신규 간호사가 들어와서 기대가 컸다. 그런데 몇 달 안 되어 도망갔다는 얘기를 들었다. 참 아쉬웠다. 상황을 잘 모르지만 아마도 배워야 할 것도 많고, 새로운 곳에 적응하느라 힘들었을 텐데, 압박적이고 재촉하고 무시하는 말투들에 지쳐 도망갔을 것이다. 실수하고도 면죄부를 받을 수 있는 게 신규 간호사다. 그 실수를 블루도 받아들이기 힘든데, 내 눈을 똑바로 쳐다보고 왜 그랬는지 이유를 말해 보라고 하면 블루는 아무 말도 생각이 나지 않는다. 우리 착한 블루들을 구원해 주는 방법은 냅두는 것이다. 느려도 알아서 할 수 있도록 기다려 주는 것이다. 블루와의 소통은 무시하는 순간 깨어진다. 존중할 만한 게 있어야 존중한다고 하는데, 그건 존중이 아니다. 그냥 일어나는 것이지. 존중할 만한 부분을 찾아내는 것이 존중이고, 어떤 이유도 없이 존중하는 것이 존중이다.

'페이스북', '트위터' 같은 SNS도 블루 컬러로 되어 있다. 이 시대 소통 방법의 대표적인 상징 컬러다. 대부분의 은행도 컬러가 블루다. 소통을 잘하고, 믿을 수 있는 속성도 블루에 있다. 블루가 빛의 상태일 때는 평화롭고, 침착하고, 부드럽고 온화하며 믿을 수 있고 얘기를 잘

살피지 않으면 보살필 수 없다

하고 잘 들어 주는, 함께 있으면 편안한 사람이다. 그러나 평화가 깨졌을 때는 멍하고 모르겠다며 상대를 차단하고, 냉정하고 게으르며 무책임하고 우울하고 술만 찾는 모습을 보인다. 다르지만 같은 사람이다. 빛의 상태인 블루를 보는 것은 괜찮고, 그림자 상태의 블루 성향을 보게 되면 어떤가? 답답하고 속 터져서 가르치려 하고 블루를 비난할 것이다. 어떤 사람도 그림자의 상태에서는 편하지 않다. 무시하지 않고 존중하면서, 블루가 할 수 있을 것이라고 믿으면서 기다려 주면 빛의 존재로 온다는 것을 기억하라.

저 블루가 평화가 깨진 상태여서 저렇게 멍 때리구나. 저 블루가 책임을 지고 싶은데 뜻대로 안 되어 모든 것을 놓고 있구나. 저 블루가 정말 소통을 잘하고 싶지만 자기가 믿음을 주지 못하는 상황이기에 더 이상 할 말이 없고, 스스로도 입을 닫고 있구나 하며 기억하고 기다려야 한다. 블루는 존중받고 신뢰받을 때 빛으로 가고, 그렇지 못하면 절대 그림자에서 벗어나지 못한다. 남의 집 남편과 아들은 책임감이 강하고 믿음직스러운 블루의 빛으로 보이고, 내 남편, 내 아들은 게으르고 무심한 블루의 그림자로 느껴지는가? 이것은 그림자는 가까운 사람 눈에 잘 띄기 때문이다. 그런데 그럴 때일수록 우리가 연습해야 하는 것은 그냥 봐 주는 것이다. 누구보다 빛으로 이동하고 싶은 사람은 블루 본인이라는 것을 기억해야 한다.

블루가 신체에서 차지하는 위치는 목이다. 목소리는 자신의 표현이다. 자신의 감정과 의사를 표현하지 못하면 목에 병이 생긴다. 요즘 남자들이 갑상선 문제가 증가한 이유가 스트레스를 표현하지 못한 이유도 있지 않을까 한다. 자존감은 자기가 말한 것을 지키고 책임지는 사람이 높다. 스스로를 믿고 존중하게 되면 평화를 찾게 된다. 목은 기분을 드러내는 통로다. 목이 멘다면 심각한 조짐이나 징후가 축적되고 있다는 신호다. 목 놓아 통곡할 일이 많을 때 그 울분을 표출하지 못하면 스트레스 축적되어 병이 생길 수 있다. 자신을 잘 표현하는 것에 익숙해져야 한다.

레드 컬러,
열정적이고 과감한 행동주의자

레드 바틀을 뽑는 사람들을 보면 참 재밌다. 행동력이 커서 눈에 확 띄고, 목소리도 크고, 호응도 잘해 주어 강의하는 나를 신나게 한다. 제일 먼저 컬러 바틀 뽑으러 나오고 적극적이며 프로그램 진행 시 물건들도 잘 챙겨 준다. 나중에 얘기해 보면 직장은 당연히 있어야 하고, 저녁에는 캔들 가게를 운영하고 있다고 말한다. 힘이 넘친다. 레드 성향 사람들을 보면 열정적인 빨간 장미가 생각나고 활활 타오르는 불도 생각난다. 레드하면 빨간 피도 생각난다. 피처럼 순환하며 활발하고 힘차다. 피를 나눈 사람들처럼 참 끈끈하고 정이 많고 의리가 있다. 어딜

살피지 않으면 보살필 수 없다

가나 주목받고, 누구보다도 리더십 있고, 나를 따르라 앞장서는 대장이다. 그래서 주로 몸을 쓰는 직업군이 많다. 레드는 오래 못 누워 있곤 한다. 계속 움직여야 살아 있음을 느끼고, 움직여서 무언가를 만들어 내는 사람들이다.

소방차, 응급차도 빨간 레드다. 급하고 빠르다. 레드는 뇌가 머리에 없고 온몸에 있다. 생각하기도 전에 이미 말했고 이미 움직였으며 몸이 먼저 나가 있다. '아차' 하는 순간 행동으로 이미 다 했다. 참 단순한 것 같으면서도 열정이 넘치고, 따뜻하며 속이 다 보인다. 주로 엄마들이 레드의 성향을 많이 보인다. 결혼 전에는 아니었다 하더라도 자식을 낳게 되면 레드 성향이 깨어난다. 아이들 먹이고, 입히고, 공부시키느라 억척같은 삶을 살아오신 우리 어머님 세대처럼 말이다. 포대기업고 집안일 다 해내며 내 입에 들어가는 것보다 자식 입에 하나라도 더 넣어 주시느라 열심히 움직이셨던 우리의 엄마들처럼 말이다. 레드의 빛은 힘이 넘치고, 사랑과 열정이 있으며 행동력이 빠르다. 즉각적이고 행동하며 현실적인 사람들이다. 과감하고 용감한 행동파가 많다.

어렸을 때부터 체력이 좋고, 목소리도 크고, 단순하면서 정직하다. 감정을 숨길 수가 없고 얼굴에 다 나타난다. 레드의 성향의 사람들은 집중 능력이 뛰어나다. 뭔가 하나를 딱 집중하면 굉장히 열중하는 성향이 있다. 운전할 때 140~160㎞를 밟아 보고 경험했다. 빠르면 초집중하게 되는 것을. 레드는 하나를 끝까지 하는 성향이 있고, 물질을 만들어 내는 사람들이어서 리더십이 있고 성공하는 사람이 많다.

레드의 그림자는 힘과 에너지가 너무 많기 때문에 에너지 조정이 잘 안 되어 과하게 써 버리면 육체적 무기력 상태가 올 때가 있다는 것이다. 뜻대로 안 되면 바로 화를 낸다. 화병이다. 화병은 스트레스가 몸으로 가기 때문에 몸이 여기저기가 아픈 곳도 많다. 너무 건강해서 건강을 당연시 여기다가 몸을 과신해서 무리하다가 화를 입는 경우일 수 있다. 레드는 감정을 숨길 수 없으니까 직선적이며 말을 가려서 못 해서 할 말 다해서 상대방에게 상처를 줄 수도 있다. 다른 사람에게 공감이 잘 안 되고, 행동 중심으로 해결책을 만들기에 사람들 감정을 잘 못 헤아린다.

레드는 자기가 옳다는 생각이 깔려 있어서 너도 옳을 수 있다는 마음가짐이 잘 안 될 수 있다. 자신이 옳다는 생각이 강하기에 이렇게 해라 저렇게 해라 시키는 대로 하게끔 통제하려는 성향이 있다. 내 방법이 옳기에 다른 사람 의견을 무시할 수 있는데, 그것이 다른 사람 눈에는 고집불통처럼 보인다. 사랑이 많아서, 정이 너무 많아서 상대가 싫은 것도 눈치 못 채고 다 해 주려 한다. 자기가 생각하는 좋은 방법이 그 사람에게도 좋다고 생각해서 자신의 방식대로 사람들을 챙긴다. 의리와 내 사람, 우리 편, 끈끈한 정이 중요하기 때문에 내 편이 아니면 분리하는 에너지도 많다. 본인의 체력이 좋고 에너지가 엄청 넘쳐서 다른 사람도 자기처럼 일해야 된다고 생각하여 비실비실하면 도대체 사람들이 왜 저렇게 힘이 없는지, 여러 가지 일들을 왜 못 해내는지 이

살피지 않으면 보살필 수 없다

해를 못 한다. 상대방이 어떤 상태인지 파악이 안 되어 상대가 준비가 안 됐는데도 밀어붙일 수 있다. 사랑이라는 이름으로.

레드는 휴식도 몸을 움직이는 것이다. 가만히 누워 있을 때는 병이 났을 때뿐이다. 평일은 열심히 일하고 주말은 등산을 하면서 몸을 푼다. 일주일 내내 일하고 주말에 쉬러 휴양지에 가면 쑥이라도 캐고, 조개라도 잡아야 쉰 것 같다. 누워 있으면 회복이 안 되고 나가서 한 시간 걷고 와야 휴식이 된다.

헐크도
화내는 게 힘들어요

영화 〈어벤져스〉에서 로키가 데리고 온 괴물들 때문에 헐크로 변해 난장판이 된 도시 장면에서, 헐크는 사람으로 변해 사과한다. "미안해요." "이해해 줘서 고마워요." 쿨한 사과를 주고받는데 다시 아이언맨이 괴물들을 데리고 오고, 캡틴이 헐크에게 요청한다. 화내도 된다고. 괴물과 대적해야 하기에. 그때 헐크가 나서면서 하는 말이다. "그게 내 비밀이에요, 캡틴. 난 언제나 화가 나 있어요."

화병은 화를 싫어하는 사람에게 난다. 많이 참아왔다는 것이고, 화를 내는 사람도 그 화가 힘들다. 누구든지 내 안의 화를 건드리기만 하면 터진다. 타인이 열받게 한 것이 아니라, 내 안의 열을 건드린 것이다. 열받아 화내고 터진다. 본인의 컬러대로 표현된 것이다. 잘못된 것이 아니고, 틀린 것이 아니라 본인다운 것이다. 평소 힘이 넘치고, 정이 많고, 목표 지향적이고 성취해 내는 사람과 화내고, 주위에 공감 못 하고, 나만 옳다고 주장하는 꼰대 같은 사람이다.

내 컬러 에너지가 건강하면 빛으로 존재하고, 내 컬러 에너지가 병들면 그림자로 존재하기 때문이다. 화가 헐크로 변하게 한다면 사랑은 사람으로 돌아오게 한다. 레드에게 사랑은 곧 화다. 사랑이 많을수록 화를 잘 낸다는 방식이 성립된다. 그럼 화내는 사람이 있다면 어떻게 볼까? 그가 화를 내고 공감 못하고 자기 멋대로 하는 그림자를 본다면 정말 열정적이고 사랑이 많은 사람이라는 빛을 보길 바란다. 자기가 화를 많이 내고 직선적으로 표현해서 주위 사람들에게 상처를 줘서 힘들다면 자신의 빛인 용기와 정직으로 사과하길 바란다. 내가 할 수 없는 것, 내가 하기 싫은 것들에 집중되어 있어 언제나 피하려고 하면 고통이지만, 내가 할 수 있는 것, 내가 하고 싶은 것에 집중하는 힘이 레드다.

레드도 자기의 그림자 때문에 힘들다. 자신의 화 때문에 사람들이 부담스러워하고 피하는 것에 힘들어한다. '내가 그러지 말아야지' 했는데 말이 먼저 나와 버렸고, 나도 모르게 행동했고, 그래서 후회가 됐고 그런데 이미 가족과 동료들은 상처를 받았다. 레드도 어떻게 하면 화를 내지 않을 수 있을까 고민한다. 그러나 그림자는 안 하기가 어렵다.

살피지 않으면 보살필 수 없다

그림자는 어떤 이유가 있어서 표현이 되는 거니까.

　여기서 우리가 알아야 하는 것은 그림자를 줄이는 방법, 즉 빛을 키우는 것이다. 빛을 강화시키면 그림자가 안 느껴진다. 레드 성향의 사람이 할 수 있는 것을 통해서 강화시켜야 한다. 죄책감이 들면 정직해지자. 행동할 수 있는 사람이니까 정직하게 사과하는 것이다. 정직하다는 것은 '너 때문이다'를 빼는 것이다. 나에 대해서 말하면 된다. "아까 내가 말했던 거 심했던 것 같아." "내가 네 생각을 못 했어. 내가 너무 거칠게 얘기했어, 미안하다." "다음엔 안 한다는 보장은 못 해. 내가 성격이 이래. 그때 또 그렇다면 내가 너에게 정직하게 사과할게." 화를 내지 말라는 게 아니라 해결하는 방법을 찾아야 한다. 레드는 화를 참기가 어렵다. 본인은 참았다고 생각하는데 상대 입장에서는 안 참은 것이다.

　레드는 정말 따뜻한 사람이다. 다만 균형이 깨져서 넘치거나 터지게 되면 사람들이 부담스러워할 수도 있다. 그림자는 잘못되지 않았다. 그림자는 우리의 일부이다. "그 말이 그렇게 상처가 돼요? 난 괜찮은데, 상처를 받았다고 하면 제가 잘못한 거네요." 레드의 빛은 빨리 깨닫고 솔직한 인정을 하고 사과할 수 있는 용기에 있다. 레드는 정직하고 용감하게 행동하는 힘이 빛이다. 레드가 정직하지 못하면 남 탓을 하게 된다. "아니, 내가 일부러 그랬나? 네가 날 건드렸기 때문에 나도 어쩔 수 없었던 거지." 남 탓을 하고 자기의 빛을 정직하게 보지 못한다면, "내가 분노하는 이유는 다 너희들 때문이다"라고 하면 레드는 외로워질 수밖에 없다.

딸과 엄마가 다퉜다. 엄마가 소심하고 예민한 딸한테 심한 말을 했고, 딸이 토라져서 방으로 들어갔다. 화를 낸 엄마도 편하지 않다. '내가 심했다. 그렇게까지 얘기하는 건 아니었는데…' 정직하게 인정이 된다면 레드 엄마 어떻게 해야 하는가? 찾아가서 사과해야 한다. 정직함은 나의 감정만 얘기하는 것이다. "네가 엄마에게 그렇게 얘기하니까 엄마가 화가 난 거잖아." 이것은 정직한 대화가 아니다. "내가 감정적으로 심했어. 내가 지나치게 얘기했어, 엄마가 감정 조절이 안 됐어. 정말 미안하다. 오늘 네가 상처받지 않았으면 좋겠구나. 정말 미안하다." 정직한 사과를 하는 엄마하고 딸은 관계가 끝나지 않는다. 그런데 놀랍게도 정직한 소통이 일어난 관계에서는 화를 내는 빈도가 줄어든다. 이것이 레드가 고민하는 분노를 다루는 방법이다.

강의에 나갔을 때, 레드를 뽑은 사람은 항상 강의가 끝나고 찾아왔다. 레드 파트 부분을 듣고 자신의 행동을 돌아보게 되었다고 한다. 자신은 친구를 위해 옷도 추천해 주고, 자신이 골라서 입혀 주고, 음식점에서 좋은 메뉴도 골라 주고, 좋은 곳은 다 데리고 다녔는데. 그 친구가 왜 정신과 상담을 받는지 모르겠고, 그게 자기 때문이라고 했을 때 이해가 안 되고 화가 났다고 했다. 오늘 컬러 강의를 듣고 있으니 레드의 빛과 그림자에서 그 이유를 깨달았다고 한다. 앞으로 배운 대로 용기 있게 그 친구에게 그동안 몰라서 저질렀던 만행에 대해 사과하겠다고 했다. 역시 레드는 자각도 빨랐다. 자신의 그림자를 바로 보고 실천하는 용기를 보여 주었다. 이것이 정직이다. 내가 나 좋은 대로만 해서 잘못했고, 미안하다고 사과하고, 앞으로 다시는 그러지 않겠다는 다짐 말이다.

또 다른 레드 바틀을 뽑은 사람은 에너지가 달랐다. 완전 희생자 분위기였다. 입고 있는 티셔츠가 하늘색이었다. 아무 표정 없이 힘없는 그분이 눈에 띄어 나는 답답하시냐고 물었다. 본인이 알아서 티셔츠 색깔로 컬러 테라피를 하고 계신 것 같다고 했다. 그분이 나를 쳐다보더니 울기 시작했다. 사람들의 관심이 집중되었고, 울고만 있는 그분 옆에 있는 사람은 자기가 무엇을 잘못했냐며 미안하다고 하는 것이다. 한참 울고 난 그분에게 나는 어깨를 토닥거리고 마음으로 응원을 해주었다. 강의를 해야 해서 자세한 이야기는 못 들었지만 레드를 뽑고 난 뒤라 그분의 마음을 느낄 수 있었다. 정이 많아 주위 사람에게 사랑을 베풀었을 것이고, 사람들이 알아주지도 않은 데다가 에너지도 다 떨어져 헛헛한 마음에 외로움까지 겹친 느낌인데 누군가가 자신의 마음을 읽어 주어 몸이 반응을 한 것 같다. 그분의 눈물은 그날 강의장에 있는 사람들이 컬러 테라피에 초집중하게 만들었고, 나의 마음에도 하늘색 눈물의 그분이 남게 되었다.

레드의 신체적 위치는 하반신 회음 부위다. 레드는 몸을 엄청 쓰기 때문에 관절, 요통 등 신체적 질환을 앓을 수 있다. 무기력한 아이는 빨간 신발 및 빨간 바지가 도움이 되며 혈액 순환이 안 되는 심장 및 뇌졸중 중년은 적포도주가 치유 에너지로 쓰인다. 레드는 자신이 무엇을 원하는지 정확한 목표가 필요하다. 자기 안의 진짜 원하는 욕구, 삶을 살아가는 데 있어 자신의 진짜 욕구를 모르는 것이 어쩌면 삶의 기만이지 않을까? 정직하게 자신의 욕구를 찾길 바란다.

옐로우 컬러,
계획적이고 감정적인 완벽주의자

마지막으로 옐로우 바틀 이야기를 해 보자. 이 바틀은 아이들이 많이 뽑는 바틀이다. 이 컬러 바틀을 보고 있으면 기분이 맑고 가볍고, 명료해지고 귀엽다. 옐로우 하면 제일 먼저 떠오르는 것이 태양과 아이들이다. 빛이 노란색이며 해바라기 등 예쁜 꽃은 노란색이 많다. 병아리, 스쿨버스, 유치원 버스, 학원 버스도 모두 노란색이다. 옐로우는 배우고 성장하고 커 가는 데 가치를 둔다. 벼, 위액, 메모지도 모두 노랗다. 벼처럼 수확하고, 얻어 내고, 위액처럼 끊임없이 뭔가를 소화시켜 내 것으로 받아들이고, 메모지처럼 하나하나 해야 할 일들을 체크리스트처럼 계획성 있게 정리하는 것과 비슷한 성향을 가진 옐로우는 완벽주의자이다. 완벽주의의 정의는 '절대 만족할 수 없다'이다.

삶의 목적이 성취고, 내가 남과 똑같으면 안 되고, 내가 더 빛나고 뛰어나기를 바라는 성향이다. 삶의 목적이 배움이고, 새로운 것을 배우고 또 배우고 끊임없이 배운다. 레드는 행동주의에 본능적이고, 블루는 사고 영역이 이성적이라면 옐로우는 감정이 예민한 감정 영역이다.

옐로우가 제일 힘들어하는 것이 자기 불안이다. 주변 친구들이 옐로우 성향을 봤을 때는 잘하고 있으면서도 너무 전전긍긍해서 좀 피곤하게 느껴질 수도 있다. 너무나 소심하고 걱정이 많고, 생각이 많고, 못할까 봐 늘 전전긍긍하지만 결국은 또 잘 해낸다. 주위에서 이런 사람들을 보면 마음이 불편할 수 있다. 어떻게 해 줘야 할지 잘 모르기 때문이다. 그런데 이것은 옐로우 성향이 갖고 태어나는 부분이다.

무엇이든 잘하고 싶은 사람은 불안 레벨이 상당히 높을 수밖에 없다. 옐로우 성향의 사람들이 자기 그림자에 대해서 가장 안달복달한다. "왜 이렇게 불안하지? 왜 이렇게 소심하지? 왜 이렇게 생각이 많지?" 자기가 가진 그림자 자체도 끊임없이 비판한다. 그러나 성실하고 완벽하고 싶으면 당연히 불안이 있을 수밖에 없다. 어떻게 불안을, 생각을 줄여 볼까가 아니라 그냥 잘하고 싶은 마음이 있다는 것을 보면 된다. 그냥 있는 그대로 그렇구나 하는 것이 옐로우의 숙제이다. "불안해하지 마라, 걱정하지 마라." "마음을 좀 편하게 해라." "그냥 하고 나서 생각해라." 같은 건 옐로우에게 전혀 도움이 안 된다. "지금 많이 불안하니?" "생각이 많아서 힘들지?" 그림자에 대해서 계속 봐주는 것이 공감이다.

신생아실 간호사가 내가 쉬는 날에 전화를 했다. 아기가 신생아실에

온 처음엔 괜찮았는데 점점 호흡이 안 좋아져서 중환자실에 보냈다고 한다. 그런데 보호자가 간호사를 의심한다는 것이다. 신생아실에서 아기 상태를 놓친 것이 아니냐, 잘못 본 게 아니냐며 차트를 복사하고 가만 안 있겠다며 난동을 부린 모양이었다. 그러자 간호사는 불안 레벨이 높아져 내게 전화를 한 것이다. "제가 잘못한 것 같고, 보호자 응대도 못 한 것 같고, 아기도 못 본 것 같아요." 그 간호사는 그 상황에 압도되어 긴장하고 걱정하고 상황을 확대해서 불안을 더 키우고 있었고, 어쩔 줄 몰라 했다. 평소에는 꼼꼼하게 일을 잘하는 간호사였다.

"선생님 엄청 놀랐군요. 상황이 안 좋아질까 봐 불안하죠? 선생님 잘못이 아니에요. 아기는 언제든지 상황이 달라질 수 있어요. 우리가 모니터 보면서 아기 상태를 잘 관찰했고, 아기 변화 상황을 잘 캐치해서 중환자실로 전실한 것은 잘 대응한 겁니다. 선생님이 행한 내용 그대로 차팅하고 담당 의사 연결해서 보호자에게 자세하게 설명해 줄 것을 요청하세요. 보호자도 아기가 걱정되어서 그러는 거예요. 보호자도 지금 선생님처럼 떨려서 그럴 겁니다. 조금만 기다려 봅시다." 이렇게 무언가가 자신의 계획하는 대로 되지 않고 어긋나면 불안도가 높은 것이 옐로우 성향이다. 옐로우는 자기 실수에 대해서 굉장히 용납하기 힘든 사람이다. 그래서 절대로 자기를 용납하지 못하고 스스로를 많이 힘들게 하는 사람이다.

무엇을 해도 채워지기가 어렵다. 그러니 끊임없이 더 배워야 하고,

정보를 찾아야 하고, 계획을 세워야 한다. 불안하니까. 정말 잘하고 싶다는 마음이 있으니까 불안이 온다. 완벽하고 싶고 잘하고 싶은데 불안한 것은 날 못 믿어서이다. 이미 충분히 가진 것으로 해도 되는데 자꾸 부족한 듯하고 더 보충해야 할 것만 같다. 주변 사람이 괜찮다, 충분하다 하는데 믿기지가 않는다. 불안해서 안달복달하며 생각이 많은 사람에게 어떻게 얘기해야 할까? "많이 불안해서 힘들지? 정말 생각이 많아서 어쩌니?"라고 공감해 주기보다는 "야, 그만 좀 해라. 그만 좀 불안해하고, 그만 좀 생각해라." 하고 이렇게 표현하며 비난하기 일쑤이다. 그림자에 대해서 많은 이야기를 할 성향이 바로 옐로우다.

항상 내 능력을 의심하고, 항상 내가 부족하다는 느낌 속에 있다. 하지만 실제 부족한 것이 아니라 내 성향이 항상 그렇게 만든다. 그런 옐로우를 어떻게 봐 주는 것인가가 답이다. 연예인 중에 옐로우 성향을 잘 쓰는 사람이 유재석이다. 신인 때는 생각이 많고 긴장해서 방송 때 실수를 많이 했는데, 엄청난 연습과 성실함으로 완벽하게 프로의 모습을 갖췄다. 사실 완전히 일 중독이라고 할 만큼 늘 조금 더 잘하려고 한다. 가수 박진영은 자기 관리의 대명사다. 15분마다 스케줄을 계획하고 20년 동안 식사 조절과 운동을 빠지지 않고 70세에도 춤을 추기 위해 해부학을 공부한 사람이다. 자기 그룹의 아이돌보다 자신이 더 뛰어나고 싶다는 인터뷰를 들었을 때 완전 옐로우구나 생각이 들었다.

옐로우 에너지의 신체적 위치는 위장이다. 그래서 긴장하고 생각이 많으면 소화가 안 되고 위장이 막히면 머리까지 아프다. 옐로우가 앓기 쉬운 질환은 위장관 질병과 치매이다. 옐로우의 에너지를 돕는 것은 태양 광선을 많이 쐬는 것이다. 옛날 고서에도 왕이 위가 탈이 나면 노란색을 배에 바르고 노란 천을 덮고 태양을 쐰다고 했다. 인도에는 치매가 거의 없다고 하고 노란 강황 음식 카레가 옐로우 에너지를 돕는다고 한다. 옐로우 성향의 사람은 이 정도면 됐다고 만족하면 삶이 재미가 없을 것이다. 내가 불편한 사람, 질투 나는 사람에게서 내가 기뻐하는 것이 무엇인지를 찾을 수 있다. 내가 행복하려면, 나를 기쁘게 하려면 어떻게 해야 하는지를 찾아라.

세 가지 컬러 성향을 알아보았다. 이제 마음안센터 안진희 선생님께서 말씀해 주신 세 가지 컬러의 의사소통을 컬러 상황극으로 한번 보자. 블루, 레드, 옐로우 주임들이 모여 있다. 팀장님이 월요일 아침 회의 시간에 한 말씀 하셨다. "여러분, 정신 차리고 일 좀 합시다." 그러고는 문을 닫고 나가셨다. 이런 상황이 됐을 때 자기가 가진 성향대로 에너지가 나오게 되어 있다. 누군가 벌떡 일어나면서 "아이 진짜, 월요일 아침부터 왜 저래? 여기서 뭘 더 잘해? 쥐어짜면서 일하고 있는데 우리가 동네북이야? 왜 우리한테만 그래? 짜증 나." 직접적으로 감정을 확 드러나게 자기를 표현하는 사람이 레드다. 진짜 급하고 성질머리 고약한 사람인가? 레드다운 사람인가? 그렇다. 레드다운 사람이다.

세 명 중에 굉장히 소심하고 예민하게 생긴 사람이 있다. 팀장님이 나가자마자 둘을 보면서 "오늘 팀장님 나만 보고 얘기했지? 나한테 얘기하는 거지? 내가 뭐 잘못한 거지? 어제 그제도 표정 안 좋았고 나만 인사를 안 받아 주더라니…" 사회생활을 하기에 너무 소심한 사람인가? 옐로우다운 사람인가? 그렇다, 옐로우답다. 레드와 옐로우는 다르다, 이상하고 틀렸다가 아니라 그 사람다운 점을 보는 게 컬러 테라피의 핵심이다.

사실 팀장님은 아침에 블루한테 한 소리였다. 블루가 자기 편한 대로 생각하는 게 있고, 문제를 잘 안 보려 하니까. 답답해서 한 말씀이었다. "뭘 그렇게 의미를 두냐? 그냥 정신 좀 차리라는 건데." 블루는 정말 편안하게 받아들인다. 정말 무심한 사람인가? 블루다운 사람인가? 그렇다, 블루다운 사람이다. 너무 다르게 반응하지만 한 명도 틀린 사람은 없다.

레드가 블루에게 얘기한다. "야, 너한테 하는 소리잖아." 레드는 바로 직접적으로 이야기한다. "뭐? 나는 잘 모르겠는데." 블루는 여전히 모른다. "아니야, 나한테 얘기한 거야." 옐로우가 자기 의심 속에서 허우적거린다. 아무도 틀리지 않았고, 서로 달라서 벌어지는 상황이었다. 모두 자기 식대로 얘기하니까 소통이 되지 않는다.

블루가 옐로우에게 "너 아니야. 맘을 편하게 가져."라고 말한다. 레드가 옐로우에게 "야, 쓸데없는 걱정할 거면 가서 일이나 더 해, 너 아니라고."라고 윽박지른다. 옐로우는 계속 힘들다. 누구와도 소통을 못 했기 때문이다. 소통을 하려면 먼저 나답게 얘기하는 것을 멈추고 상대의 그림자를 그냥 봐 주어야 한다. "너에게 얘기하는 것 같아. 많이 걱정되고 불안해?" "네가 잘못한 것 같은 생각이 들어 힘들구나." "그렇구나, 많이 걱정되고 두렵지?" 그림자는 그저 봐 주는 것이다. 감정은 가슴으로 느끼고, 생각은 머리로 보는 것이다.

컬러가 다르니 인간관계를 비롯해
삶의 모든 면이 다르다

컬러가 보여 주는 성향에 비추어 이상적인 소통이 이루어지려면 다음 3단계를 순서대로 밟아야 한다.

1. 모두가 자기다움을 봐 주고, 틀리지 않았음을 그저 있는 그대로 봐 준다.
2. 상대 컬러 언어를 써야 한다. 블루는 존중을, 레드는 목표를, 옐로우는 공감을 줘야 한다.
3. 충분히 상대 언어로 들어 주고 난 뒤에 내 언어를 쓴다.

듣는다는 것의 반대는 바꾸는 것이고 가르치는 것이다. 있는 그대로
를 듣고 보여 주면 된다.

이를테면 보호자들이 "내가 결정을 해 놓고도 이게 아닌 것 같아
불안하다."라고 할 때 "그냥 결정하셨으니까 맘을 크게 먹으세요." "보
호자분, 편하게 생각하세요."라고 자기 식대로 이야기하는 것이 아니
라 "정말 잘한 결정인지 아닌지 많이 불안하세요?"라며 보호자가 한
말을 그대로 보여 주는 것이다. 해결하려 하지 말고, 바꾸려 하지 말
고, 뭔가 해 주려 애쓰지 말고 공감하고 들어 주는 것이 소통이자 사
랑이다.

한참 힐링이란 단어가 유행하던 때가 있었다. 그만큼 스트레스와 직
무에 소진된 사람들이 많다는 말이다. 힐링이란 무엇인가? 무엇으로
사람들을 충전한다는 말일까? 사람들은 휴대전화 배터리가 얼마 없으
면 불안해하고 난리 난다. 1순위로 휴대전화를 충전하고 배터리를 잘
챙긴다. 우리의 장기가 5장 6부에서 5장 7부로 된 것처럼 휴대전화가
우리 생명을 유지하는 장기로 승격되어 있기에 당연한 충전일지도 모
르겠다. 하지만 지치고 힘든 스스로는 어떻게 충전해 주고 있는가? 자
신의 컬러, 자신의 성향답게 매일 충전하는 것을 잊지 말자.

레드 성향인 나는 신혼여행지를 호주로 택하여 그 넓고 넓은 나라를
새벽부터 밤늦게까지 훑고 다니며 수학여행을 다니듯 했다. 블루 성향

의 남편은 이름도 잘 모르는 이사벨섬에서 휴양만을 하고 싶어 했지만 레드의 뜻대로 끌려다니며 피곤한 신혼여행을 보냈다. 컬러마다 휴식하는 방법도 다르다. 자기의 성향대로, 필요할 때는 타인의 성향에 맞추어 스스로 힐링하고 또 힐링해 주는 관계가 되길 바란다.

삶은 관계라고 생각한다. 강의 마지막엔 사람들을 서로 마주 보고 앉게 한다. 기가 막히게 마주 보는 방식도 달랐다. 중학교 선생님들 모임이었는데, 젊은 남자 선생님은 친하게 마주 보고 앉았는데 중년의 두 남자 선생님은 두 분 다 앞을 보고 앉아 있으면서 마주 본 것이라 한다. 요즘의 남자들은 핑크 에너지가 많아서 부드럽고 친절하지만 어르신들은 블루의 성향이 그대로 남아 있다. 그렇지, 블루를 바꿔 놓을 필요가 없고 그대로 허용해 주는 것이 소통이니까. 블루에게 눈을 똑바로 바라보게 하는 것이 무척 두려울 수 있으며, 계속 무언가를 시키려고 위협하지 말자며 웃었던 기억이 난다.

삶은 경험이라고 생각한다. 그래서 컬러 에너지를 직접 경험시켜 준다. 삶은 흘러가는 것이니 마지막에는 오일을 가지고 손 마사지를 하는 시간을 가진다. 우리가 잉태되고 탄생하여 살아가는 모습이 손바닥 라인에 있다. 손끝이 잉태와 탄생이고 생명이 흘러 아래로 흐른다. 나의 엄지로 부드럽게 동글동글 상대의 손을 마사지하도록 한다. 인간의 손이 두 개인 이유는 한 손은 자신을 위해, 그리고 다른 한 손은 남을 돕기 위해서라는 오드리 햅번의 말이 떠오른다.

손 마사지하는 방법들도 컬러 성향대로 나온다. 레드들은 힘을 팍팍 주면서 성격이 급해서 금방 마사지를 끝낸다. 그래도 괜찮다. 옐로우는 정확한 방법으로 손끝 각도까지 재면서 완벽하게 해내려고 애쓰면서 이 방법이 맞는지를 계속 확인한다. 믿기지 않겠지만 본인의 느낌을 믿으면서 하라고 말해 준다. 블루는 편안하게 상대를 책임지고 세월아 네월아 유유자적이다.

이 마사지를 왜 하는지 물어보는 사람이 있었다. 나도 오라소마 컬러 수업을 하는 프라얀에게 물어봤던 질문이었다. 대답을 듣는데 눈물이 났다. 살아온 삶에 힐링을, 살아갈 삶에 선물을….

그동안 삶을 사느라, 다른 성향들끼리 관계를 맺느라 너무 고생하셨다는 의미의 힐링 시간이고 앞으로의 찬란한 인생에 선물 같은 시간이 되길 바란다는 마지막 멘트를 하면서 강의를 마친다.

어떤 이에게서 화를 내고, 공감 못 하고, 자기 멋대로 하는 그림자를 본다면 실은 정말 열정적이고 사랑이 많은 사람이라는 빛을 봐 주라. 어떤 이에게서 소심하고, 걱정 많고, 불안이 많은 그림자를 본다면 잘하려고 애쓰는 빛나는 존재임을 봐 주고, 어떤 이에게서 냉정하고, 게으르고, 차단하는 그림자를 본다면 책임감 강하고 소통 잘하는 평화주의자임을 기억해 줘라. 99가지 그림자가 있어도 한 가지의 빛이 있다면 우리는 빛이다. 그림자를 자르고 없애고 바꾸려 하지 않고 빛을 확장해 주면 된다.

II

관계의 사이,
간호사는 사이 전문가인가?

01

간호는 기술적 관리인가
예술적 보살핌인가

간호사로서 인생을 보낸 지가 휴직 기간을 빼면 20년에 접어들었다. 긴 세월 같지만 돌아보니 한순간에 흘러간 시간처럼 느껴진다. 간호의 정의는 '다른 사람을 보살피는 것'이다. 살피지 않으면 보살필 수 없듯이, 간호사는 늘 환자의 상태를 주기적으로 살펴봐야 보살필 수 있는 영역을 포착할 수 있다. 살피지 않고 보살필 수 없다. 간호사의 업의 본질은 환자를 보살피는 일이다. 살피는 일이나 보살피는 일이나 과학의 문제가 아니다. 특히 보살핌은 환자의 아픔을 나의 아픔처럼 생각하면서 측은지심으로 체중을 실어 환자를 돌보는 일이다. 보살핌과 돌봄은 의학적 치료의 문제가 아니라 인문학적 치유의 문제다.

간호는 단순히 마음만으로 되지 않는다. 간호 역시 일정한 기술적 숙련도를 요구한다. 능숙하고도 숙련된 기술이 요구되므로 간호는 과학이기도 하고, 과학 기술로 해결할 수 없는 보살핌과 돌봄의 미덕을 요구하는 인문학적이면서 예술적인 영역이기도 하다. 간호는 더 나아가 인간의 신체적, 정서적, 사회적, 영적인 능력이 총동원되어야 비로소 그 본질이 살아나는 총체적인 종합 예술에 가깝다. 하지만 현대 간호는 간호를 과학과 기술적 기능의 문제로 전락시켜 간호사를 기술적 전문가로 양산하고 있지는 않은지를 생각해 봐야 한다. 간호사를 정해진 매뉴얼에 따라 의사를 도와 가면서 환자를 보살피는 기술자로 볼 경우 간호는 로봇이 대체할 수도 있다. 하지만 간호는 기술이나 기능으로 해결할 수 없는 인간 특유의 아낌과 돌봄을 근간으로 이루어지는 인간관계 업이다.

병원이라는 조직 내에서 많은 의료인이 격무에 시달리면서 오히려 건강을 돌보는 사람들이 점차 건강을 잃어 가며 힘들어하는 이유는 무엇일까? 단순히 업무가 많아서 피곤함을 더욱 느끼는 것일까, 아니면 병원에서 이루어지는 복잡한 인간관계 문제로 인하여 느끼는 피로감 때문에 힘들어하는 것일까? 더 나아가 내가 하는 일의 본질이 무엇이고, 이 일을 하는 간호사는 도대체 누구인지를 모르는 상태에서 늘 주어진 일을 반복해서 일어나는 문제일까? 자기가 누구이고, 자기 상태가 어떤지 알지 못한 채 기계처럼 일하면서 환자를 돌본다는 일이 과연 가능한 일이고 의미 있는 일일까? 나를 돌보지도 않으면 누구를 돌본다는 말일까? 나를 사랑하지 않으면서 누구를 사랑할 수 있을까?

나는 현대 의학의 장점도 알지만, 또 다른 길도 있음을 알게 되었다. 부산에서 10년 동안 병원에서 일하다가 결혼과 함께 서울로 와서 휴직하는 사이 암 환자 전문 한의원에서 3년 정도 일했다. 질병의 또 다른 관점으로 다른 대안을 모색하는 접근법과 치료가 있음을 알게 되었다. 바로 한의학과 대체 의학이 그것이다. 그런 방법이 있음을 놀랍게 받아들였고, 대안적인 방법으로 기적을 이룰 수 있다는 경외심도 갖게 되었다. 그러나 한의학과 여러 대체 의학도 또 다른 한계가 있다. 사람을 보살피고 돌보는 의(醫)는 하나일 텐데 거기에 이르는 방법이 여러 가지여서 문제의식을 느끼고 살아왔다. 그것이 바로 통합의학을 배워 보고 싶은 꿈을 꾸는 계기가 되었다. 그 결과로 2015년 통합의학대학원 입학하여 공부하게 되었다.

간호사로 시작했지만 컬러를 만나게 된 경위도 대학원이었다. 올바른 간호를 위해서는 인간을 이해하는 것이 제일 기본이다. 그러기에 간호사는 오늘도 내일도 인간 속에서 계속 공부해야 한다.

병원에서 일하는 근로자는 여자가 월등히 많다. 남자 간호사가 늘고 있지만 여자가 대부분이다. 신생아실은 생명이 태어나서 처음으로 들어오는 집이다. 신생아의 신체 건강을 지속적으로 확인해서, 안전하게 부모님과 집으로 보내는 곳이기도 하다. 그곳에서 생명을 돌보는 존재 또한 한 생명을 잉태하여 일한다. 생명 탄생 과정을 돌보는 간호사 역시 또 다른 생명을 잉태하면서 새로운 삶을 준비하는 사람이다. 임신하고 출산하고 육아 휴직을 하고… 다른 간호사가 오고, 또 결혼하고, 임신하고, 출산하고 육아 휴직을 하고…. 그렇게 도돌이표처럼 함께하는 간호사가 순환된다. 나 또한 그렇게 두 아이의 엄마가 되었었다. 축하받고 배려받을 때는 다른 선생님들의 심경을 볼 줄 몰랐다. 이제는 내가 배려해 주는 입장에서 보니, 한 생명을 지키려면 얼마나 많은 사람의 손이 필요한지가 보인다.

간호사 업무가 교대 근무다 보니 임신 순서도 정한다는 '웃픈' 병원도 있다. 하지만 우리 신생아실은 서로를 가족처럼 아끼느라 조금씩 양보하며 서로를 챙기는 분위기다. 자기 이익을 먼저 내세우지 않고 주변의 딱한 사정을 먼저 고려해서 조치를 취해 준다. 우리 신생아실 선생님 중 한 사람은 부부 둘이 제주도 여행에 가서 셋이 되어 같이 돌아왔다. 그런 '(한)라봉'이 대견했다. 밤 근무는 나머지 선생님들에게 분배되어, 전에 뛰었던 나이트(night, 야간 근무) 수가 전보다 1~2개가 많아졌지만 기쁜 맘으로 대신해 주는 간호사 선생님을 보면 저절로 미소가 지어진다. 내 일이 아님에도 불구하고 마치 내 일인 것처럼 발 벗고 나서서 도와주려는 미덕이야말로 우리가 인간관계에서 배워야 할 소중한 깨달음이다. 신생아실 터가 좋은가? 다른 선생님의 좋은 소식이 들린다. 복을 가지고 온 복덩이이다. 두 선생님이 함께 임신했으니 출산 동기도 되고, 함께 육아 정보 공유도 해서 잘되었다고 생각했다. 임신부의 밤 근무가 또 분배되어 각자 2~3개 더 늘어났다. 비임신 선생님들이 버거워 보여서 나도 같이 야간 근무를 열심히 뛴다. 힘들지만 서로가 서로를 아끼는 마음이 몸으로 느껴져서 행복하다. 이런 관계의 아름다움이 꽃으로 피는 일터가 내가 추구하는 행복한 삶의 터전이다.

생애 첫 관계맺음의 무대,
신생아실에서 다시 태어나다

의사의 전문 분야는 질병 치료라 건강에 별로 관심이 없고, 심리치료사의 전문 분야는 심리적 문제라 늘 접하는 것은 고통을 맛보는 것이고, 철학자의 전문 분야는 난해한 개념의 창조라 개념 없이 이해가 불가능하기에 늘 어렵다. 간호사의 전문 분야는 사람을 돌보는 것이다. 그러기에 살피는 태도로 임해야 한다.

살피지 않으면
보살필 수 없다

나는 신생아실에서 일한다. 순수함 그 자체인 천사를 대한다. 의료인은 아픈 사람을 만나지만 여기는 유일하게 병원에서 축하를 받는 곳이기도 하다. 신생아실, 중환자실, 노인 병동에서 일하면서 생로병사를 모두 병원에서 겪었지만, 신생아실은 특별하고도 귀한 곳이다. 우리가 이 세상에 처음 와서 생활하는 첫 공간이 되기 때문이다. 하나의 생명이 탄생해서 처음 거주하는 공간, 신생아실만큼 경이롭고 감동적인 공간이 또 있을까? 세상과 첫 만남이 이루어지는 곳에서, 신생아는 먼 길을 걸어갈 준비를 저마다의 방식으로 준비하는 곳이다. 여전히 의존적인 존재지만 누군가의 보살핌으로 세상을 살피고 다시 누군가를 보살필 존재로 거듭나는 공간이다.

분만실에서 건강한 아기가 태어나면 아기는 신생아실로 오고, 산모는 병실로 간다. 아기가 오면 건강 상태를 체크하고 필요한 처치를 하고 나면 신생아실 입성을 마친 셈이다. 그 이후부터 신생아실 스케줄에 따른다. 심각한 문제가 생기는 아기를 제외하고는 수유와 처치 스케줄대로 따른다. 그러나 모든 아기가 똑같지 않다. 아기의 상태를 고려한 접근법이 필요하다. 태어나느라 고생한 아기들도 깊게 자는 시간이 있다. 그런데 새로운 적응이 힘들어서일까, 완벽한 엄마의 공간에서 분리된 것이 억울해서일까 내내 울어 젖히는 아기들도 있다. 무엇이 급했는지 눈을 말똥말똥 뜨고 세상 구경을 하는 아기들도 있고, 태어나자마자 이 세계에 적응하지 못해 중환자실에 가는 아기들도 있다. 아기를 보통 어른의 축소판으로 생각하기 쉽지만 엄연히 아기는 개별적인 존재이며, 독특한 특성을 가진 존재이다.

우유 먹이고, 똥 치우는 것을 반복하는 일이 신생아실이라 생각하지만 사실 가장 높은 수준의 관찰력을 요하는 게 이곳이다. 아기 신체 사정하면서 힘든 과정 중에서 생긴 골절을 찾아내고, 심장 잡음을 듣고 지켜보다가 검사가 필요한지 아니면 자연스럽게 없어질지를 관찰하고, 신체 검진 중 머리부터 발끝까지 세심하게 이상 발달된 곳도 찾아서 추후 관리를 할 수 있게 하고, 산모의 산과력을 살펴서 아기의 추가 검사도 하고, 신생아실에 있는 동안 모든 감각을 총동원해서 아기의 이상 징후를 찾아 보호하는 곳이다. 첫눈 같은 설렘도 있지만 어떻게 될까 노심초사하는 두려움이 있는, 말하자면 아기가 우리의 고객이다. 살펴봐야 어떤 조치를 취할지를 알 수 있다. 주의 깊게 살펴보지 않으면 보살필 수 없다. 보살피려면 깊은 관심과 애정을 갖고 살펴봐야 한다. 인간관계도 마찬가지다. 오래가는 인간관계는 서로가 서로를 보살피는 관계다. 보살핌 속에서 아름다운 인간관계의 꽃이 핀다.

신생아실 간호사는
축복을 해주는 요정

인도의 에너지 수업을 들으면서 우리 신생아실이 얼마나 중요한 역할을 하는지를 깨달았다. 아기가 태어나면 백회가 열려 있어 큰 의식 상태라고 한다. 태어나서 6시간 동안의 일들이 아기의 잠재의식에 저장된다고 했다. 그래서 동화에서 공주가 태어나면 요정이 와서 축복해 주었구나 싶었다. 신생아실에서 신체적 안녕도 중요하지만 에너지적으로도 아기에게 좋은 영향을 주고 싶었다. 아기가 태어나서 신생아실에 오면 아기의 왼쪽 귀에 대고 "이 세상에 온 것을 환영하고 축복해"라고 속삭여 주자고 제의했다. 물론 간호사들이 바쁘고 힘든 일정에서 지칠 때도 있겠지만 우리가 이 아기들에게 첫 영향을 미치는 사람들이라는 생각을 하면 사명감이 느껴져 건의했다. 실제로 나부터 시작하니 처음엔 조금 쑥스러웠다. 안 하던 행동이라 어색했지만 아기에게 환영과 축복의 인사를 조심히 건넸다. 마음이 흐뭇했다. 우리 아가의 잠재의식에 사랑과 축하를 심은 느낌이었다. 하루는 쌍둥이가 와서 두 아이를 간호사가 나란히 아기 처치대에 눕혀서 고개 숙여 왼쪽 귀에 환영과 축복의 인사를 나눈 뒤 바쁘게 움직이고 있는데 뒤돌아보니 여사님이 눈시울을 붉히며 서 있었다. 의아해서 여사님을 바라보고 있는데, 여사님 말씀은, 두 선생님이 아기들에게 축복하는 인사를 보고 있는데 귀한 존재임이 와닿으면서 가슴이 뭉클하고 감정이 북받쳐 올라왔다고 했다. 그 말을 듣고 나 또한 눈시울이 붉어졌다. 그 순간 신생아실은 감동의 장이 되었다.

일생일대의 첫 조직 생활,

신생아실에서 시작하다

신생아들은 식사 시간이 다를 수 있고, 저마다의 방식으로 배설하는 시간이 다를 수 있다. 간호사는 그런 엄연한 조직이 존재하는 곳에서 매일 비슷한 일을 반복한다. 아이에게 있어서 학교에 가고, 성인이 되어 군대 생활을 시작하는 순간이 첫 단체 생활이라고 알고 있는가? 사실은 아기들은 태어나서부터 첫 조직 생활을 신생아실에서 경험한다. 비록 기억하지 못하지만 자신의 의지와 관계없이 신생아실에서 생애 첫 단체 생활을 시작한다. 개별성이 존중되지 못하는 환경일 수 있다. 단체 생활이라는 것은 정확한 내 욕구가 수용되는 기회가 적을 수밖에 없다. 우리가 가능한 많이 아기들을 잘 돌보고자 하지만, 많은 신생아가 태어나는 날에는 쉽지 않다. 거기에다 아픈 아기라도 오면 처치하느라 손발이 바빠진다. '우는 아이 젖 더 준다'는 속담을 실감하게 한다. 바쁜 와중에 먼저 우는 아이를 돌보게 되니까 말이다. 우는 스타일도 어쩌나 다른지. '엥' 하고 울었다가 안 오면 그냥 입만 오물거리며 포기하는 아기도 있고, '앙' 하고 요구를 들어줄 때까지 화를 내는 아기도 있다. 역시 목소리 큰 것이 힘이 되는 것의 시초가 되는 곳이지 않을까?

　아기가 울면 신생아실 간호사들은 심적 갈등을 겪는다. 아기가 먼저인 곳이지만, 하던 일을 중단하고 뛰어가는 것이 맞지만, 일을 하다 보면 다른 일이 응급일 때도 있고, 이것만 하고, 하던 것만 마무리하고, 잠깐만… 하면서 지체하게 되고, 서두르지만 아기들의 필요를 들어주기엔 한 박자 늦을 수 있다. 욕구 좌절로 토해내는 울음소리를 그대로

다 들어줄 수도 없다. 저마다 내는 울음소리를 있는 그대로 수용하고, 100% 다 채워 주기엔 역부족이다. 물론 신생아실의 고수들은 전체 아기들을 돌보는 뛰어난 능력자이지만 아기 입장에서는 단체 생활의 고충을 겪고 있지는 않을까 생각도 해 본다. 저마다 욕구를 분출하며 호소하고 있지만 모든 욕구를 다 충족시켜 줄 수 없어서 아이들도 저마다 포기하는 방식으로 인생을 시작하는 것은 아닐까. 그럼에도 불구하고 보다 강렬한 울음소리로 마지막까지 호소하는 아이들도 있고, 요구대로 안 되면 다른 방식으로 자신을 돌봐 달라는 의미로 본능적으로 울음을 터뜨리는 아이들도 있다. 우리나라가 개별적인 성향보다 전체적인 단체 요구를 더 중요시하는 인식의 시작이 사실은 신생아실이 아닐까?

진통을 겪어 봐야
나만의 전통을 쌓을 수 있다

그러고 보니 요즘 아이들이 하고 싶은 것도 없고, 무기력이 많은 게 제왕 절개가 많아서 그렇다는 설도 있다. 아기가 이제 엄마 배 속에서 나가야겠다고 결정하고 양수가 터지고, 좁고 긴 터널을 몸을 돌려 가며 나오려 할 때, 엄마의 도움도 필요하지만, 자신의 힘으로 세상을 향해 나온다. 그게 정상 분만이다. 정상 분만은 고통을 동반하는 분만이다. 고통이 없는 분만은 비정상 분만이다. 하지만 세계적으로 제왕 절개 비율이 점점 높아진다고 한다. 아기와 산모의 상태에 따라 수술이 불가피한 경우도 있다. 하지만 요즘은 산모가 분만할지, 수술할지를 결정하기도 한단다. 불가피한 상황이 발생해서 어쩔 수 없이 수술을 해야 하는 의학적인 경우도 생긴다. 하지만 산모가 정상 분만을 포기하고 고통을 받지 않기로 선택하는 경우도 많다. 아기의 입장에서는 자신의 의지와 결정에 상관없이 그냥 혹 꺼내지는 경험을 하게 된다. 아무런 준비도 할 수 없이, 세상과 마주한 아기의 입장을 생각해 보면 얼마나 당황스러울까 싶다.

애벌레가 번데기 껍질을 스스로 깨고 나와야 나비로 성장할 수 있다. 누군가 힘들어하는 애벌레를 보고 번데기 껍질을 깨 주면 애벌레는 쉽게 밖으로 나올 수 있다. 하지만 나오자마자 애벌레는 죽는다. 자기 힘으로 힘겹게 나와야 자기답게 살 수 있음을 보여 주는 자연의 위대한 섭리다. 자기 힘으로 나오지 않은 아이들이 독립적인 자기 결정을 잘 못 한다고 한다면 약간의 억지 논리겠지만 제왕 절개와 신생아의 독립성과의 연관성이 없지 않다는 게 나의 개인적인 느낌이다. 아이가 태어나 세상과 처음 만나는 순간, 처음으로 마주치는 환경과 공간이 다르고 처음 만나는 사람들이 다르다. 자신의 의지와 관계없이 마주치는 세상과의 첫 만남을 아이는 어떻게 기억할지 알 수 없지만 첫인상이 아름답게 기억되기를 바랄뿐이다.

살피지 않으면 보살필 수 없다

하지만 아이가 태어나 세상과 만나는 순간, 우리가 경험하는 현실은 저마다 다른 모습을 지니고 있다. 산모는 산후조리원에서 마사지를 받고, 아기는 신생아실에서 우유를 먹고, 아빠는 병실에서 TV를 보고 있다. 같은 공간에서 엄마, 아빠, 아기가 함께 있으면서 새로운 가족 형태 변화에 각자 자기 역할을 찾아가야 하는 건 아닐까 싶다. 그렇다고 지금 이 현실을 다 바꿔야 한다는 것은 아니다. 할 수 없는 부분은 어쩔 수 없지만 내가 노력해서 바꿀 수 있는 부분은 최대한 바꿔야 한다고 생각한다. 하지만 건강한 아이가 태어나는 과정은 한 사람이 모두 책임질 수 없는 통제권 밖의 일들이 너무 많다. 산모의 건강은 산모 혼자 노력한다고 되지 않는다. 산모가 마시는 공기와 매일 먹는 음식, 그리고 주변 사람들과의 관계에 따라 달라진다.

아기의 건강에 결정적으로 영향을 미치는 한 가지 변수가 바로 태교다. 서양의 태교는 태어나면서 시작이지만, 동양의 태교는 훨씬 전부터 시작이다. 정자는 3개월 전에 만들어진 것이라서 아빠는 몸 만들기가 필요하고, 엄마의 난자는 비옥한 토양을 만드는 시기이므로 그 이전부터 시작되어야 한다. 나는 여성의 전 시기가 태교라고 생각한다. 아이를 갖기 전부터 일상생활을 하면서 갖는 모든 생각, 감정, 몸 상태가 모두가 해당된다고 생각한다. 그만큼 한 아이가 건강하게 태어나는 과정에는 여성의 책임이 더 무겁게 느껴지기도 한다. 태교를 시작하면서 갖는 긍정적인 마인드와 건전한 생각, 그리고 행복한 삶 자체가 산모의 건강과 직결되며 이는 건강한 신생아를 낳을 수 있는 조건이기도 하다.

출산할 때 산모가 겪는 산통(産痛)을 통증(pain)이라고 표현하지 않고 진통(labor)이라고 한다. 통증은 주로 신체적으로 해를 끼치는 상처나 정신적으로 불쾌한 자극으로 느끼는 정서적 경험을 지칭한다. 이에 반해 진통은 힘든 일을 견뎌 내기 위해 안간힘을 쓰면서 고통을 이겨 내려는 노력이다. 산통은 가급적 없애거나 경감시켜야 할 통증이 아니라 내가 성숙한 어른으로 거듭나기 위해 애간장을 녹이면서도 적극적으로 극복하려고 노력하는 과정에서 우리 몸이 경험하는 진통이다. 진통을 겪어 봐야 살아가면서 흔들리지 않는 나만의 전통을 만들어 갈 수 있다. 많은 산모가 진통에 대해 부정적인 이미지를 갖고 있다. 진통은 피해야 하는 고통이라는 잘못된 신념으로 굳어져 있다. 진통은 무조건 피해야 하는 고통이 아니라 한 사람이 성숙한 인간으로 거듭나기 위해서는 마땅히 경험해야 하는 즐거운 고통이다. 특히 간호사 산모들은 그 과정을 다 알고 있기에 더욱 두려움이 크다고 본다.

　자궁 수축을 반복하면서 산모가 경험하는 진통은 아기에게 절대적으로 필요하다. 진통이 없으면 아기가 언제든지 예측불허로 준비 없이 나올 수밖에 없다. 곧 진통은 아기가 준비할 수 있는 감사한 일이라는 의식을 바꿔 줄 역할이 우리 간호사여야 한다. 물론 진통을 겪어 보지 않은 사람은 이 고통을 몰라서 하는 소리라고 말하고 싶을 수도 있다. 그래서 아빠의 역할이 중요하고, 듀라(산모와 함께하며 돕는 사람)의 역할도 더욱 소중하게 인식되어야 한다. 산모가 겪는 진통을 기꺼이 받아들이면서 내가 마땅히 경험해야 하는 고통이라고 받아들이는 순간 진통은 나를 한 단계 업그레이드시키는 소중한 통과의례로 작용하기 시작한다. 분만 중 아기는 스트레스에 견딜 힘을 터득하고, 진통을 경험하고 태어나야 출산 후에도 잘 견디고 적응하게 된다. 정상 분만을 무조건 해야 한다고 주장하는 것은 아니다. 누구나 아이를 낳으면서 겪는 여성들의 진통이야말로 엄마로 다시 태어나기 위해서 반드시 겪어야 하는 고통이라는 사실을 받아들일 때 소중한 인격적 성숙도 같이 일어난다.

신생아와 엄마가 만나는 첫 대면,
일생일대 최고의 경험이 되다

산모와 신생아가 처음엔 분리되어 각각 공간에 있지만 (물론 코로나 전에는 모자동실이라는 것도 있어 아기와 산모가 같은 공간에 있기도 했다) 모유 수유실이 있어 산모가 상태가 괜찮다면 아기를 만나러 온다. 아기와의 첫 만남이 감동이지만, 현실은 그리 녹록지 않다. 엄마 품에서 배고프다고 울어 젖혀 당황한 산모(그동안 쉽게 우유를 받아먹은 탓에), 아기를 안기가 무서워서 절절매는 산모, 아기 사진 찍느라 수유에는 관심이 없는 산모, 아기가 자 버려서 모유 수유가 너무 어렵다고 하소연하는 산모, 모든 것이 엄마 탓인 것 같아 미안하다고 회개하는 산모 등 모유 수유실은 아수라장이 되기 쉽다. 엉뚱한 질문도 많다. 산모 입장에선 신세계이기도 하니까. 아기를 낳으면 본능처럼 돌보는 게 옛날 육아였고, 공동 육아였지만 지금은 혼자 공부해서 터득하는 세대이지 않은가?

40대가 넘은 한 산모는 아기를 안고만 있고 모유 수유를 하지 않고 있었다. 왜 수유를 하지 않느냐는 말에 자기는 나이가 많아서 모유가 영양가가 없어 먹이지 않겠다고 했다. 누가 그랬냐고 물으니 시어머니가 영양 좋은 비싼 분유를 먹이라고 했단다. 물론 분유가 영양가가 풍부하지만 엄마가 가진 사랑을 조미한 모유를 따라올 것은 세상에 아무것도 없다고 말해 줬다. 엄마 젖은 자신의 아기에게 최상으로 맞춰져 있다고 말했다. 노산모가 소리 없이 눈물을 뚝뚝 흘리며 우는 순간 내 마음도 아팠다. 늦게 결혼하고, 늦게 아이 낳은 것에 대해 얼마나 마음이 무겁고 힘들었을까? 세상의 모든 엄마는 미안하다는 말을 입에 달고 산다.

엄마의 잘못이 아닌데도 말이다. 엄마가 되는 순간부터 책임감이 생기면서일까? 세상의 엄마들은 위대하다.

어느 산모는 자기 아기가 예쁘냐고 물어본다. 아기도 예쁘지만 산모도 예쁘다는 말에 목 놓아 운다. 알고 보니 출산하고 붓고 엉망인 지금 상태를 보고 남편이 자기에게 못생겼다고 했단다. 말 한마디에 그동안 고생했던 지난 시절이 아픔으로 밀려온다. 그 말 때문에 마음이 다쳤다. 차마 말로 표현도 못 할 정도로 억누르고 있었던 과거의 감정이 복받쳐 오른 것이다. 한 아이의 엄마가 되었지만 여전히 아름다운 여

살피지 않으면 보살필 수 없다

자로 유지하고 싶은 마음을 어찌 몰라줄까? 남편은 아기에게 매달리기 전에 산모의 마음을 얻는 게 급선무다. 고생했던 산모의 마음만 잘 어루만져준다면 최고의 아빠로 순식간에 거듭날 수 있는데 남자들이 이런 사소한 일을 잘 못한다. 아빠의 작은 관심과 배려로 엄마가 행복하면 아이도 함께 즐거울 수 있다.

그렇게 나는 모유 수유실에서 산모들을 잘 울린다. 신생아실은 울고 웃는 감정의 출렁거림이 풍부한 곳이다. 핑크의 사랑 에너지가 넘실거린다. 모유 수유하기 힘들어하는 산모에게 자세를 잡아 주고 가르쳐 주면 신의 손이라고 감동을 하는 모습에서 나는 허리 아픈 줄도 모른다. 다산모라도 언제나 지금 아기가 처음이라고 설명한다. 아이를 많이 출산해 본 경험이 있어도 언제나 출산은 초산처럼 아기마다 다 다르다. 아기는 저마다 다르기에 두 번째, 세 번째 아기라서 잘 안다고, 잘 한다고 생각하면 안 된다. 산모는 옥시토신 호르몬의 영향으로 자궁 수축도 하고 모유 사출도 하고 아기와의 끈끈한 유대감도 느끼는 행복한 경험을 할 수 있다. 이 옥시토신을 경험하지 못하는 남자들은 자연적으로 생기는 부성애가 아니라 육아를 경험함으로써 길러져야 한다. 아기를 가져 보고 낳아 보지 않은 부성애는 길러 보면서 키워진다는 말이다. 요즘 아빠 육아 휴직이 늘고 있는데 바람직한 현상 같다.

내가 가장 하고 싶은 일은 아기와 엄마가 만나는 첫 공간에서 감동을 경험하게 해 주는 것이다. 아기의 타고난 컬러 DNA와 산모가 원하는 육아법을 공유하고, 산모와 아기를 위한 최고의 소통법을 알려 주고 싶다. 처음으로 만나는 아기와의 관계에서 조금 더 편안하게 소통할 수 있게 돕고 싶다. 모유만 먹이는 곳이 아닌 산모와 신생아가 만나서 행복한 소통을 주고받는 감동의 경험방을 만들고 싶다. 그렇지만 현실은 수많은 일로 엄두도 못 낸다. 빨리 수유방을 순환시켜야 하고, 다음 아기들도 기다리고 있기에 아쉬운 현실이다. 그럼에도 불구하고 아기가 엄마를 첫 대면하는 모유 수유실에서 일생일대의 경이로운 기적을 경험할 수 있는 다각적인 방법을 모색할 때, 주어진 여건에서도 최선의 대안은 반드시 존재할 것이라고 믿어 본다.

감사의 반대말은
불평이 아니라 당연이다

신생아실 간호사들이 최선을 다해 아기와 산모를 케어했을 때 돌아오는 것은 당연함이다. 아무리 잘해도 그건 간호사가 해야 되는 당연한 일인 것이다. 하지만 만약 조금이라도 문제가 생긴다면 신생아실이 문제인양 몰아세운다. 백 번 잘해도 한 번 잘못하면 그동안의 노고가 수포로 돌아간다. 그래서 아기가 와서 아무 탈 없이 잘 돌아가는 것이 신생아실이 제일 잘하는 것이다. 종종 그동안 잘 케어해 준 것에 대해 고마워하는 사람들도 있고, 마음을 다해 케어하는 것을 알아주는 사람이 있어

보람도 있다. 하지만 확실히 당연함으로 묻히는 것이 많아지고 있다. 그래서 신생아실의 목표는 아기가 잘 있다가, 잘 가고 또 오는 것이다. 아픈 것이 아닌 정상적인 고객들을 케어할 때도, 보이지 않는 손길이 무척 많고, 사랑하는 에너지를 많이 쓰는 것을 보지 못 하는 사람도 있다. 사람들은 자신이 옳다고 믿고 생각하는 것밖에 보지 못한다. 몸과 마음을 다 바쳐 열심히 해도 그것은 당연한 일로 간주된다. 그래서 감사의 반대말은 불평이 아니라 당연이다. 그럼에도 불구하고 우리는 아기와 산모가 건강하게 있다가 돌아갈 때 감사하다는 생각이 절로 든다.

우리의 마음에 감사를 깨워야 하는 이유는 이 세상에 당연한 것은 아무것도 없기 때문이다.

세상에 없는 것이 세 개가 있다. 첫째, 이 세상에는 공짜가 없다. 둘째, 이 세상에는 비밀이 없다. 셋째, 이 세상에는 정답이 없다. 소중한 내 아이를 키우고 소통하는 데 정답은 없다. 소신껏 원하는 대로 하면 된다. 하지만 알아야 할 것은 꾸준히 배워야 한다. 누가 좋다고 하더라, 그렇다고 하더라는 말만 믿으면 배움이 일어나지 않는다. 내 아이가 나의 소유물이 아니듯, 내 소중한 존재로 존중하면서 타고난 성향을 있는 그대로 봐 준다면 서로를 인정해 주고받아 줄 수 있는 아름다운 상호관계가 맺어질 것이다. 이제 아기들이 한동안 머물렀던 첫 조직을 떠나면서 앞으로 이루어지는 모든 관계의 원형은 부모와의 관계가 될 것이다. 초기에 부모와의 관계 맺음을 어떤 방식으로 하느냐에 따라 아이의 성격과 인성도 많이 달라진다.

인생은 심전도다.
오르내리는 곡선이다.

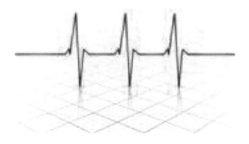

대한산부학회지 제47권에 이렇게 나와 있다. 인간에게 분만 통증은 생리적, 환경적, 정신 사회적인 영향을 받기 때문에 개인에 따라 차이가 크다고 한다. 분만 통증에 대한 공포는 불안을 야기하고, 제왕수술을 원하게 하는 이유가 되기도 한다. 여러 정신학적 연구 끝에 분만은 정신적 충격이 큰 스트레스로 분류되었다. 최근 분만을 정신질환을 위한 진단에서 외상성 스트레스 질환으로 분류한다고 하니 정말 어마어마한 고통임을 짐작할 수 있다. 정신적 스트레스가 큰 부분으로 의학적 설명을 가하지만 분만에 대한 고통은 체험하지 않은 사람에게는 그어떤 언어로 설명해도 설명되지 않는 산모만이 몸으로 겪어 내는 생명탄생의 신비가 담긴 고통이다. 체험적 고통이 없는 사람에게 고통을 설명한다는 것은 무의미하다. 고통을 해석할 수 없는 해석체계가 없는사람에게는 고통을 아무리 제대로 설명하려고 애를 써도 올바르게 와닿지 않는다.

인생의 첫 교육, '산통'을 통해
'고통'을 온몸으로 배우다

한 생명은 독립된 개체가 아니라 태어날 때부터 엄마와 환경이 제공하는 무수한 요소와 역동적으로 만남을 만들어 가는 관계적 존재다. 모든 존재는 하늘에서 어느 날 갑자기 떨어진 생명체가 아니다. 모든생명체는 다른 사람과의 관계나 환경과의 상호작용을 통해서 존재 이유를 만들어 간다. 예를 들면 아기는 엄마 자궁에서 탯줄로 연결된 관계를 통해서 자라다 탯줄을 끊고 세상 밖으로 나오는 고통스러운 관계의 터널을 통과하면서 비로소 어제와 다른 생명체로 재탄생하는 것이다.

이렇듯 한 생명을 세상에 내보내는 것에는 어마어마한 고통이 따른다. 그림책『엄마가 엄마가 된 날』[6]에서 출산 중 통증이 심해지고 참을 수 없을 만큼의 고통을 느끼며 소리치는 장면이 있다. 이 통증을 "꾹꾹 조이듯이 아팠지"라고 표현하고 있다. 고통의 순간에는 언어는 무의미하다. 다만 어렴풋한 느낌만 표현할 뿐, 고통의 당사자가 느끼는 아픔의 언저리도 미치지 못한다. 그림책『낳으실 제 괴로움 다 잊으시고』[7]에서는 "낳으실 제 괴로움을 잊으신 은혜, 온몸 속을 다 헤치는 듯, 온몸 살을 다 저미는 듯, 온몸 뼈를 다 부러뜨리는 듯 끔찍한 아픔 속에 낳으시고도"라고 표현한다. 내 몸이 완전 분해되는 고통이다. 새 생명을 낳는다는 것은 그만큼 세상 어디에서도 경험할 수 없는 소중한 고통을 몸으로 겪어 내는 과정이다. 산통은 그 어떤 고통으로도 대체할 수 없는 생명 탄생의 신비로운 고통이다. 산통을 경험한 사람만이 생명 탄생의 신비를 몸으로 체감할 수 있다.

엄마뿐만 아니라 아기도 고통 속에서 태어난다. 모든 것이 제공되고 완벽했던 자궁 속에서 세상으로 나가려면 통과해야 할 길이 남아있다. 완벽한 공간이지만 계속 좁아지는 방에서 더 이상 머물기보다 세상으로 나갈 준비를 한다. 자궁 경부가 열리고 자궁 근육이 주기적으로 이완하며 수축하기를 반복하면서 아기가 나가려는 것을 도와 밀어내 줌으로써 엄마에게 진통이 생기는 것이다. 진통의 강도와 지속 기간이

---

6)   나가노 히데코, 한영 역, 『엄마가 엄마가 된 날』, 책읽는곰, 2009.

7)   이상희 글, 곽영권 그림, 『낳으실 제 괴로움 다 잊으시고』, 사계절, 2007.

점점 길어지고, 진통의 간격이 짧아지면서 자궁 문이 열리고 좁은 산도를 통해 나오려고 아기도 애를 쓴다. 큰 머리가 찌그러지고 온몸이 압박당하면서 턱을 가슴에 붙이고 머리를 숙인 자세로 엄마 골반을 통과할 준비를 한다. 머리를 회전하면서 그렇게 좁은 산도를 통해 나오면서 아기도 엄마도 수축과 이완에 맞춰 둘이서 합심해야 원활한 출산을 경험한다. 그래서 분만 시 힘을 무조건 세게 주는 것이 잘 낳는 것이 아니라 아기와의 완벽한 협력과 호흡과 이완이다.

수축할 때 힘 주고, 이완할 때 쉬어 주면서 수축과 이완을 반복하며 진통 시간을 다 겪어야 나온다. 인간의 삶의 시작이 고통이었지만, 계속 고통이진 않았다. 수축과 함께 이완도 있고 쉬면서 힘을 비축해서 다시 고통에 맞서 진행한다. 아기는 자궁에서 나오는 긴 시간 동안 아팠지만 숨을 쉴 만했고, 쉬다가 다시 도전하는 과정을 통해 회복 탄력성을 배운 것이 아닐까? '왜 출산에 진통이 꼭 필요한 것일까?'라는 질문에 대한 답이 여기에 있다. 삶이 크고 작은 시련과 역경의 연속이니, 끊임없이 극복해 나가는 법을 습득하는 것은 아닐까? 처음부터 혼자 시작한 것이 아니고 누군가와 함께였고, 도움받으면서도 스스로도 힘을 키운 것은 아닐까? 출생의 고통이 역경과 시련에 대한 면역력을 가지고 온 것 같다. 자연 분만을 통해서 세상과 만난 아이는 그만큼 태어날 때부터 고통을 온몸으로 겪으면서 세상과 맞서는 방법을 배웠을 것이다. 스스로 고통의 껍질을 깨고 나오는 극심한 아픔 없이 세상으로 나온 아이들과 산통을 겪으며 세상과 만남을 이룩한 아이들이 몸에 새겨진 첫 경험은 감각적으로 많은 차이를 보여 준다.

그렇게 본다면 출산의 고통이 단순한 고통만은 아니다. 고통 뒤의 환희의 경험을 가짐으로 미리 인생의 역경에 대처하는 법을 아기에게 조기 교육을 한 셈이다. '아가야, 삶은 오르락내리락한단다. 아팠다가 괜찮았다가 그리고 더 아프기도 하고 더 기쁘기도 하면서 우여곡절과 파란만장을 경험하는 게 인생이라고 한단다. 좁고 어두운 곳을 통과하면 넓고 환한 곳으로 나온단다.' 혼자지만 혼자가 아니었다는 엄마의 첫 교육, 산통을 통해 산모와 아기가 함께 겪어 내는 소중한 체험적 고통인 셈이다. 대신해 줄 수 없는 고통을 직접 겪어 본 사람은 고통의 진가를 몸으로 경험해 본 사람이다. 이런 사람은 살아가면서 직면하는 크고 작은 고통에 일희일비하지 않을 정도의 내공을 삶을 통해 배운 사람들이다. 이들에게 삶은 인생 교과서다. 책으로 배울 수 없는 고통의 교훈을 몸으로 배운 사람들에게는 타인의 고통에도 쉽게 공감하는 감정이 자신도 모르게 생긴다.

울음(고통) 뒤에
웃음(행복)이 온다

강신주 작가의『한 공기의 사랑, 아낌의 인문학』[8]에서 첫 챕터가 '고통' 이다. 사람들은 우리가 행복하기 위해 태어났다고 하지만 강신주 작가는 인간은 태어날 때부터 고통스러운 것이 아닐까 하고 질문을 던진다. 춥고 배고픈 생물학적 고통부터 자본주의가 증폭시킨 집착의 고통, 원하지 않는 경쟁으로 지쳐가는 사회적 차원에서도 고통이 있다고 한다. 삶에서 고통이 1차적이고, 행복이 2차적이라는 것을 잊지 말자고 한다. 강신주 작가는 자신의 책에서 김선우 시인의 시집, 『녹턴』[9]에서 작품을 엄선, 챕터별로 하나씩 소개한다. 우선 「고쳐 쓰는 묘비」라는 시를 통해 울음과 웃음의 관계를 통해 삶의 심오한 의미를 시사해 준다.

> 태어날 때의 울음을 기억할 것
> 웃음은 울음 뒤에 배우는 것
> 축하한다 삶의 완성자여
> 장렬한 사랑의 노동자여

강신주 작가는 울음은 고통의 표현이고, 웃음은 행복의 표현이라고 주장한다. 중요한 것은 울음이 먼저이고 웃음은 그다음이라는 시인의 통찰이라고 말한다. 탄생이 고통과 거의 동의어였지만 다행히 그 고통도 곧 완화된다. 엄마에게 안겨서 심장 소리를 듣고 따뜻함을 느끼면서 안정을 찾게 된다. 웃음은 울음 뒤에 오는 것, 고통 뒤에 행복이 찾

---

8)   강신주, 『한 공기의 사랑, 아낌의 인문학』, EBS Books, 2020.
9)   김선우, 『녹턴』, 문학과지성사, 2016.

아오는 것처럼. 절망 속에서만 진정한 희망을 길어 낼 수 있는 법이라고 강조한다. 강신주 작가는 고통은 일차적으로 주어진 삶의 조건, 우리가 죽을 때까지 감당해야만 하는 삶의 원초적 진상임을 말한다. 고통에 직면하고 그것을 완화시키는 방법을 배운 사람이 김선우 시인이 말한 '삶의 완성자'라고 설명한다.

태어난 아기는 고단한 몸을 좀 쉬고 나면 곧 배고픔의 고통에 또 운다. 우는 아기 젖 준다는 속담이 기가 막히게 적용된다. 2~3시간마다 배고픔의 고통에 대해 열심히 먹여야 하고, 엄마와의 분리되고 나서 외로움에 대한 고통에 대해서는 속싸개로 타이트하게 감싸 주어서 안정감과 따뜻함을 제공해야 한다. 무조건 울면 배고프다고 생각해서 우유만 먹인다면 가스가 차고 배가 아파서 아기는 더 울 것이다. 스킨십을 고파할 수 있다. 기저귀가 축축해도 기분 나빠 울어 대는 우리의 첫 고객님이시다. 고통에 대해 민감하며 울음으로 모두 표현하는 분이시다. 고통을 너무나도 잘 아는 분이기에 우리는 바삐 손을 놀려야 한다. 김선우의 시「사랑의 노동자」에 대한 강신주 작가의 해설이 다음과 같다. 웃음과 행복은 자신으로부터가 아니라 외부로부터, 나와 타자와의 관계로부터 가능하다는 사실, 사랑은 기본적으로 고통에 대한 직면을 전제로 한다는 사실을 강조했다. 신생아실을 벗어나면 이 사랑의 노동을 엄마와 사투를 벌이게 된다. 육아의 노동, 사랑의 노동이 시작된다.

살피지 않으면 보살필 수 없다

타인의 고통에 민감하게 대응할 때
자비는 싹이 튼다

아기가 이 세상으로 탄생하는 순간, 10달 동안 엄마와 연결되었던 그 완벽했던 탯줄이 잘린다. 지금까지의 생명 줄이었지만 이제는 혼자의 힘으로 살아가야 한다. 첫울음과 함께 이제는 엄마와 분리되어 살아가야만 하는 독립된 개체가 된다. 혹독한 과정도 잘 거쳤고 무사히 나온 아기는 우리가 생각하는 것보다 약하지 않다. 아직 입과 코에 있는 양수를 빼 주기 위해 흡인을 하려고 고개 숙여 흡인기에 연결된 줄을 갖다 댈 때 나는 아기에게 몇 번이나 멱살을 잡혀 봤다. 목욕하기 싫은 아기들은 완강히 욕조를 잡고 버티기도 한다. 자신의 의지와 의사를 정확히 표현한다. 출산의 고통을 온전히 거친 완벽한 독립군이다. 말은 할 수 없지만 자신의 본능적 욕망이나 감정을 무의식중에 온몸으로 표현한다. 생명체가 갖고 있는 기적이자 경이로운 감동이 아닐 수 없다.

그 옛날에는 아기가 통증을 느끼지 못한다고 하여 출생과 함께 포경 수술을 시행한 적도 있다. 출산 직후 거꾸로 매달아 발바닥을 그렇게 때리기도 했다. 중력으로 양수도 나오고, 울게 함으로써 호흡을 찾게 해 준다는 명목으로. 하지만 요즘은 중력으로 기도 내 이물질을 해결할 일도 아니고, 아프게 때리지도 않는다. 등을 살살 쓰다듬어 주면서 자극만 주면 된다. 우리의 첫 고객이 아프지 않게, 고통을 덜 느끼게 해 주기 위해서다. 강신주 작가는 자비란 동등한 관계에서 상대방의 불행이나 고통을 아프게 느끼는 감정이라고 했다. 고통을 느끼는 것, 그래서 그 고통을 어떻게든 완화시키려 하는 것, 그것이 자비라고 한다. 고통을 느꼈기에 그 고통을 덜어주려고 노력하는 것이 자비고 사랑이다. 타인의 고통을 느낄 수 있는 감수성, 고통의 감수성이 간호사가 가져야 할 큰 덕목이다. 그래서 아파본 사람이 아픈 사람을 잘 이해하는 법이다. 진료와 처치들이 일방적이었던 의료계의 방침들이 환자 위주로 바뀌어 간다는 것은 의료계도 공감하기 시작했다는 신호이다. 인간을 대하는 직종이다. 모든 것이 획일화될 수 없고 같은 처치로 일반화될 수도 없다. 의료인은 좀 더 예민해져야 한다. 그렇게 되면 환자가 예민하게 굴 필요가 없지 않을까? 상대가 민감하게 반응해 주니 말이다.

내 딸과 아들이 어릴 적 넘어지거나 부딪혀서 아파하면 우리 시어머님은 완전히 아이의 고통에 예민해진다. 봐서 크게 아파 보이지 않다고 "피가 안 나니 괜찮아질 거야"라고 하는 게 아니라 아이보다 더 아파하고 땅을 때리며 나쁘다고 대신 혼내 준다. 의자에 부딪혔다면 의자를 버릴 기세였다. 그러면 아이들은 곧 싱글벙글 기분이 좋아져서 다시 놀 수 있었다. 자기의 고통을 대신 민감하게 공감해 준 사랑의 힘이었다. 환자의 걱정과 불안, 공포에 대해 마음의 고통에 뭘 그렇게까지 생각하느냐며, 걱정 말라고 하는 게 도움이 될 수 없다. 그렇다고 환자보다 더 불안해하면 안 되겠지만, 고통스러울 수 있겠다는 마음만

살피지 않으면 보살필 수 없다

은 공감할 있는 의료인이길 희망해 본다. 환자와 가까이 가서 공감해 주면서도 환자와 거리를 유지하면서 환자의 아픔을 보다 객관적인 시각으로 진단하고 보살펴야 나의 주관적인 감정에 휘말리지 않는다. 주관과 객관, 감성과 이성, 공감과 교감, 살핌과 보살핌 사이에서 적당한 거리를 유지하면서도 친밀감을 갖고 관심과 애정으로 돌봐 주려는 지극 정성과 사랑이 환자에 대해 갖는 자비심이다.

04

관계 테러리스트,
관계 테라피스트를 찾아간 까닭은?

생각해 보면 병원에서 일하는 의료인이 더 건강하지 않은 경우가 많다. 감정적으로 신체적으로 지칠 대로 지쳤고 아픔을 참고 일하는 경우가 허다하다. 촉박한 시간과 응급한 상황들로 매일을 보내는데 아프지 않은 게 이상하지 않을까? 환경이 중요함은 누구나 알다시피 병원 내 에너지가 어떨까 생각해 보면 진짜 힐링과 치유의 시간은 의료인들에게 필요하지 않을까? 코로나 이전에는 다 같이 모여 회식으로 풀고, 모임에서 많은 속풀이를 했던 것 같다. 그래서 병원 사람들은 술도 잘 마시게 된 것 같다. 블루의 유니폼을 입고 신뢰와 믿음을 주는 전문가로서 소통을 잘하다가 지칠 대로 지치면 무기력과 우울에 빠져 잠과 술로 회피하는 블루의 성향이 딱 맞는 듯하다. 인간관계 속에서 누구보다도 환자를 보살피고 애정과 관심으로 돌봐 주어야 할 의사와 간호사지만 고된 노동이 반복되다 보면 자신도 모르게 피곤해진 몸이 마음대로 움직이지 못하는 경우가 자주 발생한다. 자신도 모르게 동료나 선후배는 물론 환자들에게도 상처를 주는 관계 테러리스트로 전락할

살피지 않으면 보살필 수 없다

수 있는 위험이 곳곳에서 도사리고 있다.

관계 테라피스트의 시작,
저마다의 컬러를 인정하는 노력이다

관계 테러리스트에서 벗어나는 한 가지 방법은 관계 테라피스트로 변신하는 방법이다. 그 방법을 배우고 익히며 변신하는 과정에 컬러가 핵심적인 역할을 한다. 내가 컬러를 배운 것은 어쩌면 숙명이었을까? 병원 사람들을 잘 이해하고 있기에 컬러로 더 잘 풀어내라는 사명감이 들 때도 있다. 관계 때문에 상처받고 스트레스로 가중되는 업무 부담감에서 조금이라도 벗어나 관계 테러리스트로 행동하지 않으려면 나도 잘 이해하는 것은 물론 나와 상대하는 수많은 타자들의 속마음을 가슴으로 이해하기 위해 평소에 살피고 보살피려는 깊은 애정과 관심이 필수적이다. 관계 테라피스트로 변신하는 과정에서 가장 소중한 무기는 컬러 에너지를 기반으로 공감하고 가슴으로 이해하면서 서로의 다름과 차이를 마음 깊이 이해하는 노력이다.

컬러 에너지를 배우면서 나는 나를 더 잘 알게 되고, 사람들의 성향을 폭넓게 이해하게 되니 마음이 넓어졌다. 다른 이에게도 이 기쁨을 나누고 싶어 병원 여러 사람에게 타고난 컬러를 이야기하게 되었다. 사람들의 마음과 성향이 딱 들어맞아서 재밌고 신났었다. 입소문이 나서 다른 부서에서도 나를 찾아왔다. 나는 어떤 컬러로 태어났으며 우리 가족들은 어떤 컬러들인지 궁금해했다. 가족들의 컬러 상관관계들을 풀 때는 박장대소도 하고 심각해지기도 하면서 진지하게 들어 주었다. 나의 초짜 컬러 상담은 점처럼 성향을 맞추는 데 많은 시간을 들인 듯 부끄럽다. 그러나 재미있게 듣는 과정에서도 사람들이 가족, 연인들의 성향을 알아 가면서 '아하, 그래서 그랬구나.'라고 반응했다. 다른 점을 봐 주기 시작했다. 그토록 미워 보이던 남편이 조금은 이해되면서 오히려 안쓰러워서 잘해 줘야겠다면서 마음이 움직였고, 시간이 지나 관계가 좋아져서 남편과 같이 찾아왔을 때는 정말 기뻤다. 내가 했다기보다 컬러가 다 한 일이었고 열린 마음으로 행한 그분 덕이었다.

  핑크를 뽑아 놓고 남자친구와 헤어지겠단다. 속상한 마음은 알겠는데 아직도 사랑 중이라며 컬러가 이야기해 주고 있음을 말하면 깜짝 놀란다. 사실은 차이기 전에 먼저 차는 게 더 나은 것 같다며 진심은 잘되길 바라는 속마음을 비추었다. 사람은 거짓말을 해도 컬러는 거짓말을 하지 않는다고 배웠는데, 과연 정확했다. 우리는 자신을 얼마나 잘 알고 있을까? 컬러 바틀을 앞에 두고 이야기를 하면 더 깊게 자신과 마주치는 것 같다. 블루 바틀을 뽑아 놓고 믿음과 관련해서 상처가 있고 신뢰하지 못하는 답답함을 토로했다. 그 상처가 눈물이 되어 흐르고 나면 맘이 훨씬 가볍고, 전에는 목이 갑갑했는데 이제 시원하다고 했다. 그 순간 나도 시원함을 느꼈다. 자신의 에너지를 표현하는 컬러와 그 컬러가 너무나 필요한 경우에는 작은 도움이 되고자 컬러 바틀을 선물하기도 했다. 컬러와 소통하며 사람들과 더 많은 연결감으로 행복함을 경험했다.

간호사들 사이에서 가장 같이 일하기 싫어하는 의사가 있었다. 간호사를 무시하는 발언은 기본이고, 항상 싸울 준비가 된 듯한 태도를 보인다는 소문이 돌았다. 자신의 기분에 따라 표현이 달라 분위기를 긴장되게 하는 면이 있었다. 톡톡 쏘는 말투 때문에 연락하거나 받기 싫어하는 간호사가 많았다. 그런데 나는 다르게 느껴졌다. 오히려 센 사람이 아니라 약한 사람 같았다. 공격을 받을까 봐 두려워서 선제공격을 가하는 사람처럼 느껴졌다. 거친 말투는 "나 힘들어요."라고 들리고, 상대를 무시하는 태도는 자신도 잘 몰라서 두려워 힘이 들어가 보였다. 마음이 계속 쓰이는 의사였다. 대부분의 의사 선생님들이 자기 컬러가 무언지 궁금해서 찾아왔는데 그분만 오지 않았다. 지나가는데 그 선생님이 "선생님이 컬러로 사람을 본다면서요?"라고 물어본다. "네, 궁금하시면 오세요." 그러고 지나갔다. 그 말은 나도 컬러를 보고 싶다는 표현이었다. 나도 그분의 컬러가 무척 궁금했지만 스스로가 요구할 때까지 기다리고 싶었다. 며칠 뒤 동기 의사 선생님 손에 끌려서 그 선생님이 드디어 왔다. 생년월일을 통한 타고난 컬러를 먼저 봤다. 궁금해하는 그 선생님의 표정이 참 귀여웠다. 나의 첫 마디가 "선생님, 참 착하네요."였다. 옆에 같이 있던 동료 선생님이 "에이, 얘가요?"라고 했고, 선생님도 의외의 표정이었다. 나는 전체적인 그 사람 기질을 보고 한 말이었다.

관계 테라피스트,
아픈 마음을 어루만지다

오행 기질이 물의 성향이고, 음의 기운이었다. 한마디로 수증기와 같은 맑은 물이었고 마른 땅에 내리는 이슬비 같은 생명수다. 음의 물은 조용하며 변화에 잘 적응하는 지혜로운 성향인데 흐르지 못하거나 찬 기에 갇히면 얼 듯이 다소 딱딱하고 막힘이 있어 사교성이 적을 수도 있고 서릿발처럼 노하거나 분노가 오래갈 수 있다. DNA 컬러 배치에 따라 여러 성향이 두드러질 수 있다. 선생님이 뽑은 컬러 바틀로는 세상 사람 모두가 자신의 마음을 몰라주는 듯해서 마음이 답답하고, 소통이 안 되는 벽을 마주한 기분이었고, 답답한 현재의 상황에서 벗어나서 멀리 떠나고 싶은 상태였다. 가까운 사람과의 스트레스로 마음이 많이 힘든 상태로 읽혔다. 원래 타고난 컬러로는 너그러운 포용력으로 타인을 돌보고 보살피는 이타적인 사랑을 베푸는 성숙한 컬러였다. 자신의 컬러대로 살지 못하면 다른 사람의 컬러도 제대로 봐 주지 못한다. 컬러 바틀이 말하기를 심신을 회복시켜 줄 돌봄과 애정이 필요한 상태였다. 신기한 것은 의사들 대부분이 마음의 상처를 표현하는 컬러를 뽑았다. 가깝지만 먼 관계의 의사와 간호사와의 따뜻한 소통이 더 필요한 이유다. 그 선생님의 컬러를 느낀 나는 더 친밀함이 느껴졌다. 더 친절하고 유머스럽고 따뜻하게 다가왔다.

에너지는 서로 상대적으로 주고받는 것이고, 상처는 받은 사람이 상처를 준다. 그 마음을 내가 안아 주고 싶었다. 송년회 전체 회식 마지막에, 교수님께서 우리에게 한 해 수고의 의미의 선물로 지갑을 여셨다. 나도 미리 준비한 핑크 에센셜 오일을 들고 나갔다. "올해 가장 고생한 분 여기 계십니다. 우리가 사랑의 손길을 전하는 사람들인데 정작 본인은 얼마나 사랑하고 챙겼는지 모르겠어요. 그래서 제가 사랑이 넘치는 핑크를 선물로 챙겨 왔어요. 선물의 주인공은 바로… ○○ 선생님입니다." 본인의 이름을 듣고 그분은 깜짝 놀라면서 갑자기 울었다. 나오지도 못 하고 울고 있으니까 옆에 있던 동료 의사 선생님이 "이거 벌 아니야?" 했다. 그 와중에 웃음이 터졌다. 울면서 나온 선생님께 핑크 바틀을 안겨 주고 안아 주었다. "남들이 안 해 주면 어때요? 내가 나를 사랑하면 되지요."라면서 두 손을 크로스해서 자신이 자기를 안는 법과 핑크 오일 사용법을 가르쳐 주었다. 의리 있고, 타인도 돌볼 줄 아는 그 선생님은 자신의 컬러대로 자신의 페이스대로 걷고 있을 것이다. 지금은 어느 병원에서 누구와 어떻게 관계하고 있을지 궁금해진다. 자신이 사랑이 되면 사랑을 주고 자기가 상처가 되면 상처를 주게 된다.

관계 테러리스트는 주로 상대방을 염두에 두지 않고 자기 기질대로 이야기를 한다. 내가 이런 이야기를 하면 상대가 어떻게 생각할지, 혹시 오해의 소지는 없는 것인지, 내 생각과 의견에는 별다른 문제는 없는 것인지를 꼼꼼히 따져 물어보면서 자기정화 과정을 거치지 않고 발설하는 말과 그것에 기반한 행동이 관계 테러리스트를 만들어 준다.

테러와 테라피는 미세한 글자상의 차이가 나지만, 사실은 엄청난 격의 차이가 난다. 테러는 자기중심적 사유를 기반으로 상대방을 몰락시키려는 음모와 술책을 전제로 생각하고 행동한다. 반면에 테라피는 철저하게 상대의 아픔에 귀를 기울이고 들어 보며 어루만져 주고 보듬어 주려는 마음씨를 전제로 한다. 테러 받은 마음이 테라피를 통해 치유되는 까닭은 누구보다도 테러 받은 마음을 진심으로 이해하고 자신의 아픔처럼 사랑해 주기 때문이다. 테라피스트의 언행에는 언제나 진심 가득한 체중이 실린다. 관계 테라피스트는 언제나 타자의 아픈 마음에 체중을 실어 경청하고 나의 아픔처럼 어루만져 주고 보듬어 주는 사랑의 천사다.

관계로 막힌 문제,
새로운 관점 보기가 답이다

처음으로 병원에 입사해서 일한 첫 부서가 중환자실이었다. 바쁘게 돌아가는 환경과 삑삑 울려 대는 기계음과 하나하나 체크해야 할 수많은 일과 너무나도 아파 보이는 환자들이 아무것도 모르는 신규에게는 숨이 막히는 곳이었다. 밤새 피를 토하고 피똥을 싸는 간암 환자에게 계속적인 수혈로 온몸에는 피비린내가 나는 듯했고, open heart 수술 환자는 신경 쓸 것이 너무나도 많은 초긴장 상태였다. 한 번도

살피지 않으면 보살필 수 없다

힘들다고 말해 본 적은 없지만 근무 마치고 나서 병원을 나오면 지나가는 사람들이 그렇게 예쁘고 잘생겨 보일 수가 없었다. 건강한 모습이 가장 아름다운 모습이란 것을 경험 속에서 깨우쳤다. 사람의 죽음을 중환자실에서 수없이 겪었고, 슬퍼할 사이도 없이 일처리를 해야 하는 곳에서 그러려니 했는데 밤마다 악몽을 꾸었다. 이제 생각해 보니 그때는 탄생하지 않았던 존재라 몰랐었는데 내가 매일 꾼 악몽에서 본 것은 좀비였다. 이렇게 죽음과 사투 벌이는 곳, 한시도 손을 놓고 있을 수 없는 곳이기에 의료인들 간의 협조와 협력이 너무나도 중요한 곳이다. 그런데 말보다 행동이 먼저고, 상의보다 일방적으로 몰아붙이는 무모한 의사가 한 명 있었다.

병실에서 자기 환자가 안 좋아지면 밤마다 환자 침대 그대로 끌고 와서 중환자실의 벽면에 고정시켰다. 이미 병상 수가 다 찼고 지금도 있는 환자로 우리는 충분히 바빴다. 정말 응급한 환자는 환자 우선이기에 우리도 베드가 없으면 만들어서라도 환자를 받는다. 그러나 over bed는 그 의사의 특기였다. 의사는 자기 환자를 오늘 밤에 여기서 봐 달라고 했고, 우리는 봐야 할 위중한 환자들을 잘 봐야 하기에 over bed가 안 되는 이유를 설명했다. 울분을 못 참은 의사는 중환자실 문을 박차고 나갔다. 이미 들어온 환자를 보낼 수 없는 우리는 그날 밤 우리의 생리적 요구(밥 먹고, 화장실 가는)는 무시하고 일을 해냈다. 매번 본인의 요구가 안 통하면 벽을 치거나, 문을 쾅 닫거나 화를 내는 그 의사 같은 사람은 물론 요즘 같은 시대에는 없다. 20년 전 그 당시에는 간혹 권위적인 의사가 간호사를 시키는 대로 하는 사람으로 착각했을 수도 있다. 만약 의사와 간호사의 관계가 협조가 아니라면 그 불이익은 환자가 고스란히 안을 수밖에 없다. 시간이 많이 지나서 지금 그 폭력적인 의사를 떠올리면 레드의 성향임을 알 수 있다. 자기 환자를 열정적으로 진료하고 좋아지기를 열망해서 다른 부서 돌아가는 상황이나 타인이 힘들어하는 것을 볼 수 없었을 것이다. 자신이 하고자 하는 대로 안 되면 화가 먼저 나고 말보다는 행동이 더 앞섰던 것이다.

그 레드의사는 code blue(심폐소생술이 필요한 상황) 방송이 나가면 누구보다 먼저 뛰어와서 환자 위에 올라가서 가슴 압박을 재빠르게 했다. 나중에 환자가 살아나도 늑골 골절이 되어 있어 무식한 의사라고 욕도 먹었다. 평소에 관계가 좋지 않았기에 열심히 일하고도 욕을 먹었다. 사실은 늑골이 부러졌다는 것은 제대로 심폐소생술을 했다는 것이고 그래서 환자가 살아난 것이다. 지금 내가 그 당시로 돌아간다면 환자 늑골을 부러뜨린 의사에게 너무도 잘했고, 항상 환자를 살리기에 몸을 아끼지 않는 당신이 자랑스럽다고 말할 것이다. 과거의 상황은 바꿀 수 없지만 바라보는 관점은 바꿀 수 있다. 무지막지하게 무식하고 폭력적인 그 의사에 대한 시각에서 시작하여 그에 대해 갖는 의견을 여러 관점에서 생각해 본다. 환자의 관점에서는 힘 있고, 자신 있게 말해 줘서 신뢰할 수 있는 사람으로 보이며, 부인의 입장에서 보면 돈을 잘 벌어 주는 든든한 사람일 것이고, 상사에게는 일 잘하는 사람

살피지 않으면 보살필 수 없다

이다. 그 사람의 생각과 행동의 앞면만 볼 것이 아니라, 옆면과 뒷면, 다차원적으로 볼 수 있다면 폭넓게 이해된다. 한 사람을 이해한다는 것은 다차원에서 볼 필요가 있다. 항상 같은 방식으로만 보는 것은 한 관점에서만 보기 때문이고, 누구를 보든 여러 관점에서 본다면 모든 관계가 유연해질 것이다. 그 사람에 대해 판단, 분별로부터 자유로워질 것이다. 그리하여 나는 융통성 있는 사람이 된다. 보는 관점을 바꿨을 뿐인데. 무엇을 바꿀 수 있는 가장 쉬운 길은 나의 관점을 바꾸는 것이다.

05

관계 테라피스트의 전형,
간호사, 당신은 과연 전문가인가?

10년을 병원에서 일하면서 사람이 아닌 질병 위주로 치료하는 현대 의학에 한계를 느꼈고, 병의 원인 치료가 아닌 증상별 대처와 과잉 진료에 답답했다. 3년을 한의원에서 일하면서 병원에서 포기한 암환자의 기적적인 치유에 놀라며 새로운 대체 의학에 신났을 때가 있었다. 하지만, 병의 본질을 치료한답시고, 현재 환자 상태를 무시한 한의학의 근본 치료 방식에 다른 면에서 놀란 적이 있었다. 한의원에서 일하면서, 숨 못 쉬는 환자를 위해 산소기와 흡인기를 구입하고, 온몸에 삽관을 하고 온 환자를 위해 소독 물품을 구비하고, 저혈당 증세의 환자 때문에 옆 건물 검진센터로 뛰어가 포도당 주사를 가져와 응급으로 놓는 등 저마다 위급 상황에서 일한 적이 한두 번이 아니다. 장루를 달고 온 환자에게 장루 케어도 해야 했고, 유방 종양이 옷에 쓸려서 아파하기에 카페에 가서 커피 뚜껑을 가져다가 씌워서 상처를 보호했던 기억도 있다.

살피지 않으면 보살필 수 없다

간호사는 의사와 환자 사이에
다리를 놓는 '사이 전문가'다

　대체 요법들을 시행하면서 수많은 응급 상태에서 환자를 지켜 내며 통합의학이 너무나 절실하다고 생각했다. 환자의 고통에 같이 울다 보니 하나씩 방법을 생각해 냈지만, 죽어 가는 환자를 보는 건 참으로 힘든 시절이었다. 그 당시에는 의학에서 안 된다는 사람들을 살려내는 것이 목표라고 생각했는데 지금 와서 느껴 보니 죽음을 잘 보낼 수 있게 호스피스 간호도 중요하고 필요하지 않았나 아쉬운 마음이 든다.

　2013년 대체 의학계를 벗어나, 현재 다시 현대 의학에 몸담고 있다. 하지만 전인적인 간호를 항상 고민하고 있다. 의(醫)는 하나인데 의술 (醫術)은 여러 가지인 현실에서 전인적 간호를 실제로 적용하는 일은 아직 과제로 남아 있다. 요즘 병원에서도 다학제 간 치료로 서로 협동 진료를 시도하고 있지만, 아직은 표면상 협조인 현실이 아쉽다. 나 자체가 훌륭한 도구가 되기 위한 색다른 컬러 공부도 하고 있으면서 사람들을 돕는 힐러가 되고자 한다. 간호사 일을 하면서 컬러 공부를 통해 사람들에게 보다 인간적이면서도 아픔을 치유하거나 경감시키는 진정한 힐러로 변신하고 싶은 꿈이 있기 때문이다. 끝없이 펼쳐지는 배움의 세계가 있기에 늘 부족하지만 설레는 앞날을 생각하며 오늘도 꿈을 꿀 수 있다.

지식산부인과의사인 유영만 교수님이 과거에 대형사고가 나서 병원에 입원해서 겪은 고통을 듣고 한 번 더 통합의료가 절실함을 느꼈다. 갈비뼈 손상으로 흉부외과에 입원하였는데, 이상하게 왼쪽 팔이 떨어져 나갈 것처럼 아파서 주치의에게 말했다고 한다. 팔은 정형외과가 봐야 한다고 해서 협진을 기다렸으나 결국 2주 만에야 왼팔 골절 사실을 알았다고 한다. 갈비뼈 전공 흉부외과 의사는 팔뼈 전공 정형외과 의사와 협동 진료가 잘 되지 않고 자기 영역의 뼈를 넘어서는 진료는 원천적으로 불가능한 게 현실이다. 자기 전공 뼈만 전공하고 나머지 뼈에 대해서는 무지하며, 다른 전공 의사와 적극적인 소통을 통해 한 사람의 신체 건강을 논의하는 경우가 드물다. 의사가 그렇다면 나의 물음은 '간호사는 무엇을 하였을까?'였다. 온몸으로 겪어 내는 통증에는 아랑곳 않고 자신이 해야 할 의무적인 일에 급급한 사람도 있었다. 몸무게를 매일 재는 게 일인 사람이 환자의 상태와 관계없이 자신이 해야 할 일만 한 탓에 정작 환자는 심각한 통증에 시달렸다는 일화는 간호사로 생각해 봐도 안타까운 일이 아닐 수 없다.

특히 갈비뼈와 팔뼈 사이, 팔뼈와 목뼈 사이의 아픔을 이해하고 치료하는 사이 전문가로서의 의사는 온데간데없다. 사이 전문가는 전문가와 전문가 사이에 존재하는 차이를 존중해주고 서로 다른 전문성을 융합해, 새로운 전문성을 부단히 창조하는 사람이다.[10] 전문가 한 사

---

10)   유영만, 『브리꼴레르』, 쌤앤파커스, 2013.

살피지 않으면 보살필 수 없다

람의 힘으로 복잡한 문제를 해결하기에는 역부족이다. 나와 다른 전문성이 만나 서로의 **연결 고리**가 되어주어야 한다. 간호사야말로 의사와 환자 사이에서 서로의 고충을 이해하고 환자의 고통의 치료하는 의술을 넘어 환자의 아픔까지도 치유될 수 있도록 환자를 보살피는 사이 전문가가 아닐까. 간호사는 병원에서 **사이 전문가**가 되어야 한다. 현실적인 통합의료는 아직 멀었다 치더라도 모든 접점에 있는 간호사가 관심만 갖는다면 현대 의학과 대체 의학 사이를 메울 수 있다고 생각한다.

의술(醫術)은 전문가의 기술이 아니라
사람을 살리는 의술이다

물론 치료의 근거가 되는 수액 용량과 약물의 계산에 필요한 체중이 중요하지만, 환자의 안위가 먼저임을 놓친 게 아닐까? 환자의 가장 큰 통증을 치료하기 위해 정형외과와 협진을 앞당기고자 시도하였을까? 왜 팔 골절은 나중에 알게 되었는지, 정말 사전에 캐치 못 했던 원인을 밝혀내지 못한 사실이 안타깝다. 자신이 전공하지 않았다는 이유로 무시하거나 나와 전공이 다르다는 이유로 소통을 거부할 때, 의술은 사람을 살리는 의술이 아니라 자기 분야만 잘하면 된다고 생각하는 전문가의 기술과 다를 바가 없다. 전문가의 기술은 기능적 전문성을 요구하면 되지만 의술은 의사의 전문성과 더불어 사람을 생각하고 보살피는 따뜻한 마음을 요구한다. 환자의 아픔을 나의 아픔처럼 생각하는 측은지심이 없는 뛰어난 의료 기술은 의료 기술자를 양성할 뿐이다.

할 말 없는 의사와 불안한 보호자 사이, 융통성 없는 의사와 무기력한 간호사 사이, 서로 소통 안 되는 보호자와 환자 사이, 행정 직원과 실무자 사이, 공감되지 않는 다른 세대 간의 사람들 사이처럼 병원의 수많은 직종과 전문가 사이에서 다양한 진단과 치료 행위가 이어진다. 건강을 책임지는 의료인이 정작 본인의 몸과 마음은 너덜너덜한 경우가 허다하고, 환자의 생명을 책임지기보다는 자기의 방어적인 진료가 앞서는 현실도 부지기수로 발생한다. 의료인들이 통합적 치료를 하기 위해서는 의료인을 위한 융합적 교육이 필요하다. 한 분야만의 전문성으로 인간의 질병을 종합적으로 치료하기는 불가능하기 때문이다. 인간의 신체는 전체다. 신체의 한 부위가 치료되었다고 해도 그 신체 부위와 연결된 다른 부분이 여전히 아프다면 신체는 여전히 아프다. 의료 전문성의 깊이만 추구하고, 자기 분야만 관심을 둔다면 인간의 신체는 전체로서 나아지지 않는다. 이런 의료 전문성의 치명적인 약점과 한계를 보완하기 위해서는 전문의들이 자주 만나서 서로의 벽을 허물고 겸손한 자세로 사람의 아픔을 치유하기 위해서 어떤 협업과 융합이 필요한지를 진지하게 생각하고 실천해야 한다.

살피지 않으면 보살필 수 없다

간호사의 손은 실천하는 손이다. 손은 마음의 칼이며, 심장을 대변한다. 주사를 잘 놓는 기술적인 면뿐만 아니라 몸과 마음을 어루만져줄 수 있는 손이어야 한다. 환자의 아픔을 느낄 때 손 내밀어 주고 힘들고 지친 환자에게 손길을 보내 주는 간호사의 손은 엄마 손을 능가하는 약손이다. 의사의 의료 전문성이 환자에게 올바르게 전달되고 환자의 아픔이 정확하게 진단되도록 사전-사후 조치를 취하는 중간자적 입장에서 의사와 환자에게 모두 손 내밀어 도와주는 사이 전문가가 바로 간호사다.

사이를 알아야
좋은 사이가 된다

김광규 시인의 「생각의 사이」라는 시가 사이 전문가의 본질과 존재이유를 정확하게 설명해 주고 있다.

시인은 오로지 시만을 생각하고
정치가는 오로지 정치만을 생각하고
경제인은 오로지 경제만을 생각하고
근로자는 오로지 노동만을 생각하고

법관은 오로지 법만을 생각하고

군인은 오로지 전쟁만을 생각하고

기사는 오로지 공장만을 생각하고

농민은 오로지 농사만을 생각하고

관리는 오로지 관청만을 생각하고

학자는 오로지 학문만을 생각한다면

이 세상이 낙원이 될 것 같지만 사실은

(생략)

자기 분야만 깊이 파서는 문제를 해결할 수 없다. 사이를 모르는 사람이 어찌 소통을 알겠는가? 사이를 지켜본 사람이 찐한 소통으로 서로의 마음을 전달한다. 참으로 감동받은 시라서 이 시를 병원에 적용해서 패러디해 본다.

병원 직종간 사이

오윤정

의사는 오로지 질병만을 생각하고

간호사는 오로지 간호만을 생각하고

임상병리사는 오로지 검사만을 생각하고

살피지 않으면 보살필 수 없다

물리치료사는 오로지 치료만 생각하고
방사선사는 오로지 촬영만을 생각하고
전산팀은 오로지 전산만을 생각하고
의무기록사는 오로지 기록만을 생각하고
약사는 오로지 약품만을 생각하고
원무과는 오로지 계산만을 생각한다면

이 병원이 환자에게 최상이 될 거 같지만 사실은

질병과 간호의 사이
간호와 검사의 사이
검사와 치료의 사이
치료와 촬영의 사이
촬영과 전산의 사이
전산과 기록의 사이
기록과 약품의 사이
약품과 계산의 사이를
생각하는 사람이 없으면 다만

진단명과
주사바늘과
기계와

이동과

컴퓨터와

종이와

숫자와

돈만

남을 뿐이다.

우리 모두가 사이 전문가가 되지 않으면 각자의 전문성만 일방적으로 주장하고 다른 분야와는 소통이 되지 않아 통증만 가중될 뿐이다. 전문성의 깊이를 추구할수록 그 전문성으로 도달하고 싶은 궁극적인 목적을 염두에 두고 다른 분야의 전문가와 협업과 융합을 통해 혼자 힘으로 해결할 수 없는 복잡한 문제를 함께 해결하는 혜안이 필요한 시기다. 사이와 사이에 존재하는 차이를 알아야 좋은 사이가 된다. 전문의와 전문의, 전문의와 간호사, 전문의와 환자, 그리고 간호사 사이에 존재하는 차이를 존중해 주고 배려해 줄 때 더 좋은 사이로 거듭난다.

06

당신의 관계는
괜찮습니까?

새로운 것을 발견하는 진정한 여행은 새로운 경지를 찾아가는데
있는 것이 아니라 새로운 눈을 갖는 데 있다.

-마르셀 푸르스트

인간관계도 마찬가지다. 인간관계로 떠나는 여행은 없었던 관계의
새로운 모습을 찾는 것이 아니라 익숙한 인간관계라도 어제와 다른 눈
을 바라보면 서로가 서로에게 격려해 주고 존중해 준 살아가는 모습이
다르게 다가온다. 가까운 사이일수록 인간관계는 더 조심하고 세심한
배려가 필요하다. 특히 다른 사람과의 관계뿐만 아니라 나와의 관계는
늘 새로운 눈으로 바라보려는 애정과 관심이 필요하다.

밖으로 시선을 끌고 가지만
진정한 답은 내 안에 있다

　코엑스 명상박람회에서 컬러 상담을 한 적이 있다. 여러 가지를 둘러보면서 색다른 컬러 바틀 상담 부스에 관심을 보이는 분이 많았다. 짧은 20분이지만, 컬러 바틀을 뽑는 사람의 의도가 담긴 바틀이 얘기해 주는 것도 있어 그분의 마음을 느낄 수 있었다. 주저리주저리 자신의 신세를 털어놓고 있으면서 스토리가 엄청 많았다. 사설이 많다는 것은 감정을 숨기고 있다는 것이다. 끝이 없는 이야기 속에서 30대 초반의 여성에게 질문했다. "나는 내가 좋다. 한번 뱉어 보실래요?" 그 여자분이 멈칫하면서 말을 하지 못한다. 그동안 그렇게 말을 잘도 했는데. 나는 내가 좋다는 말이 나오지 않는 사람이 많다. "당신은 당신이 마음에 듭니까?" 대답 대신 눈물이 주르륵 흐른다. 그 눈물의 의미를 나는 안다. 나도 나를 좋아하지 않았던 때가 있었으니까. 다른 사람과의 관계의 시작은 내가 나와 맺는 관계로부터 시작되며, 진정한 관계의 시작은 나를 받아들이고 용서하는 일부터 시작된다. 나를 있는 그대로 인정하고 수용하지 못하면 다른 사람과의 관계도 원만하게 형성되지 않는다.

　나를 안으로 들여다보기 시작하면서부터 나는 나를 더욱 깊이 알고 싶은 갈증이 생기기 시작했다. 나를 찾는 프로그램을 찾아다니는 때에 호텔에서 하는 프로그램에 참가한 적이 있다. 그러나 내가 예상했던 나를 들여다보는 시간이 아니었다. 밖으로 나가서 좋은 프로그램을 사람들에게 홍보하는 과제를 내준다. 다니면서 내가 뭐 하는 건지 혼란스럽고 비싼 돈이 아깝다는 생각에 화도 나고, 내가 놓치고 있는 건 없는지 조급한 마음이 들기 시작했다. 그때는 이 프로그램의 진정한 의도를 이해하지 못했다. 나의 관심과 주의를 밖으로 돌렸을 때 부각되는, 내가 나로부터 얻을 수 있는 진정한 자유이며, 밖의 사람들에게 관심과 주의를 쏟을 때 비로소 내가 보인다는 사실을 간파하지 못했다. 때로는 나를 벗어나 밖으로 시선과 관심을 돌릴 때 내가 무엇을 지향하고 있는지 알 수 있다. 물론 답은 안에 있다. 안으로 들어가는 문이 좁기 때문에 일단 밖으로 주의가 나갈 수 있다면, 내가 진정 추구하는 것이 무엇인지를 안에서 찾는 과정이 바로 자기발견의 과정이다. 밖으로 향하는 시선과 관심이 내면적 성찰을 유도하는 과정에서 내 안에서 잠자고 있는 답이 밖으로 나온다.

그리고 스스로에 대해 갖는 생각이 많을수록 진정한 나로부터 멀어진다. 나를 잊을 때 주위를 선명하게 볼 수 있다. 온전히 밥만 먹으면서 맛을 음미할 수 있고, 드라마, 영화를 보면서 몰입될 때 우리는 편안함을 느낀 것을 안다. 나를 잊을 때 주위와 유대감을 가질 수 있고, 현실을 경험할 수 있다.

있는 그대로 나의 모습을 인정해야
긍정적인 관계가 시작된다

나는 누구인가? 일생 가장 중요한 질문이고, 가장 어려운 질문이다. 한 번쯤 하는 질문이지만, 나를 아는 사람은 과연 얼마나 될까? 일생 꼭 만나야 할 사람은 곧 나다. 운이 좋게도 2009년에 나에 대한 작업을 하는 프로그램을 받았고, 나를 안다고 생각했지만 여전히 한 꺼풀씩 벗겨 나가는 양파 속 같은 나를 대한다. 벗겨도 벗겨도 또 다른 내가 있다. 오늘도 타인을 통해서 나를 들여다보는 시간이 되었다. 나를 보는 작업도 좋았지만 그 다음 남을 도울 때 진짜 나를 들여다보는 계기도 되었다. 20대의 그 예쁘고 사랑스러운 여성에게서 받은 느낌은 한마디로 '나를 잃어버린 사람'이었다. 내가 없다고 믿고 있고, 내가 없어야만 편하다는 생각을 가진 사람. 철저히 자기를 버려서 나를 찾으려는 마음이 없는 사람이었다. "나는 이러하다."라는 선언을 못 할 정도로 "나"라는 낱말에서 길을 잃어버렸다. 도대체 나는 누구이고, 내가 없는데 무엇을 어떻게 하는지, 해야 하는 이유도 모른 채 아무런 느낌이 없는 상태였다. 그녀가 원하는 상태와 이상적인 완벽한 모습을 그리는데 거기에 따라오지 못하는 스스로를 용서하지 못하고 비판하고 채찍질하고 있었다.

그녀는 10년 동안 내가 원하지 않는 나를 구석에 몰아넣고 안 보이는 상태로 두었다. 없는 채로 살았다. 내가 나와 분리된 상태는 우울이

살피지 않으면 보살필 수 없다

다. 원하는 나와 거기에 못 미치는 나 사이에 차이가 너무 커서 고통을 만든다. 내 기대에 못 미치는 나를 차라리 없애는 쪽으로 선택했고, 그래서 아무런 느낌을 못 느끼는 상태로 10년을 우울 속에서 살았다. "내가 뭐죠? 좋다는 것이 뭐죠?" 이렇게 외치는데 마음이 아팠다. 내가 제일 잘되길 바라는 사람은 내 안의 나다. 나를 가장 잘 알고, 돕는 사람도 내 안의 나다. 그 '나'를 먼저 찾아야 했다. "나는 나인 것이 좋다." 허공에 떠도는 낱말들, 내 것이 아닌 것 같은 선언들이었다. 그녀는 어디서부터 해체가 된 것일까? 분리된 나 자신과 회복이 필요했다. 자기가 밀쳐냈고, 쳐다보지 않고, 없앴던 자신을 스스로가 돕고 싶다는 것에는 동의를 했다. 10년 동안 외롭고, 힘들었고, 아팠던 자신을 그렸고 그 모습이 더 싫어 느낌까지 없앴던, 웅크리고 있던 자기를 떠올리게 했다.

그녀는 현재의 우울을 벗어나고 싶고, 공부도 하고 싶고, 잘하고 싶다고 했다. 그러면 내 안의 나에게 부탁하기로 했다. 도와달라고. 그럼 나와 내 안의 내가 손을 잡아야 했다. 다시 하나가 되어야 했다. 그 첫걸음이 내가 나를 좋아하기로 결정하는 것이다. 누구보다도 나를 지지해 주고, 누구보다도 나를 돌봐 주고, 누구보다도 나를 응원해 주기로…. 버렸던 나와 손을 잡았더니 그녀의 몸으로 반응이 나타났다. 그동안 괴로워서 느끼지 않으려 했던 감정들이 몸으로 나타났다. 감정은 에너지다. 몸에 남아 있다. 감정을 경험한다는 것은 이 몸의 감각들에 집중하는 것이다. 그녀가 표현하기를, 머리가 아프고 뒷골이 당기고…

배 부위가 뒤틀리고 쥐어짜는 듯한 통증이 올라왔다. 너무 아파서 숨을 쉴 수가 없고 답답해했다. 빨리 벗어나려 하지 말고 호흡하면서 내버려 두게 했다. 눈 감고 숨 쉬면서 그 몸의 감각에 집중하게 했다. 이제는 피하지 않기로 했고, 고통스럽더라도 느껴 주기로 했다. 호흡과 함께 몸의 감각을 그대로 느끼고, 녹여 내는 연습을 했다. 아파하는 그녀의 감정에 휘말리지 않고 그대로 용기 있게 경험할 수 있도록 지켜봐 주었다. 스스로 할 수 있다는 믿음으로 바라봐 주었다.

얼마나 오래, 얼마나 심하게 고통을 겪을지는 그녀에게 달려 있다. 과거의 상처가 그녀에게 얼마큼 영향을 미칠 것인가는 그녀가 결정할 것이었다. 하나씩 감정들을 벗겨 가면서 내가 나를 지켜 줘야겠다는 마음도 생기고, 나를 좋아하고 싶다는 마음도 생기고, 내가 좋다는 느낌도 살짝 부끄럽게 생긴다고 말했다. 이제 두려움에 얼어 버린 자신과 힘들어 내버려 두었던 자신의 손끝이 맞닿았다. "나를 받아들였다." 10년 내버려 둔 자신과 급화해를 바라진 않는다. 그러나 마침내 자신과 회복을 한다는 것에 확실히 믿는다. 천천히 가자. 천천히 서두르자. 나는 나를 어떻게 대하는가를 생각하게 하는 날이었다.

살피지 않으면 보살필 수 없다

모든 사람은 저마다의 힘든 관계 속에서
사투를 벌이며 살아간다

　한의원에서 일할 때, 환자들에게 단식, 생채식 등 식이 조절과 건강 요법들을 가르칠 때가 떠오른다. 대체 요법은 현대 의학에서 안 된다고 하거나 한계를 느낀 환자들이 많이 찾았다. 그 시기 비슷한 위암 환자 두 명이 왔었고, 단식으로 몸의 대청소를 시작하기로 했다. 무작정 굶는 단식은 큰일 날 일이다. 몸의 영양과 구조와 상태를 정확히 보면서 지원해야 한다. 단식은 3일째, 5일째, 7일째 시기별로 위기가 온다. 한 사람이 단식의 명현 현상으로 메스꺼움과 두통을 호소하며 한의원을 찾았다. 다른 한 사람은 비슷한 증상으로 응급실로 갔다고 한다. 단식 중 저나트륨혈증으로 증상이 나타날 수 있다. 한의원을 찾은 환자는 동치미 국물로 속을 달래고 몸의 전해질 균형을 찾아 계속 단식하는 데 성공하여 몸이 가볍고 세포가 재생되는 느낌을 갖는 등 특별한 경험을 하였다. 서로의 신뢰와 지지로 어려움을 넘기며 기적 같은 일들을 공유한 기억이 있다. 병원을 찾은 그 사람은 아마도 함께하는 우리를 믿지 못한 것이 우선이었던 것 같다. 당연히 병원에서는 한의원에서 생사람을 잡는다고 했을 테고, 미신을 좇은 바보가 되어 한의원을 원망하는 전화가 왔었다. 질병은 비슷하지만 사람이 많이 달랐던 두 환자가 기억에 남는다.

　기억에 남는 또 다른 한 사람, 최연욱 환자다. 아직도 마음이 아프고 눈물이 난다. 한의대를 졸업하고 한의원 부원장으로 막 취직을 해서 꿈을 펼치고 하고 싶은 것이 많은 똑똑한 사람이었다. 대장암으로 병원에서 안 된다고 하여 암 전문 한의원을 찾아서 여기 왔다고 했다. 가족들은 모르는 상태에서 다 낫고 나서 말하겠다며 늘 혼자 왔다. 참 열심히 하고, 간절했고, 밝았다. 늘 오면서 손에 아이스크림을 사 가지고 웃으면서 건넸다. 나는 그 사람에게 아이스크림을 좋아하냐고 물었고, 그 사람은 매일 먹었다고 했다. 이제 아이스크림 사 오지 말라고 했지만 그 사람의 따뜻한 마음을 내가 왜 모르겠는가? 혼자 와서 입원실에서 여러 치료를 하면서 견디고 있는 그 사람을 볼 때마다 나는 괴로웠다. 가족에게 아픈 사실을 숨기고, 혼자 견디고 있는 것이 무척 마음이 아팠다. 다른 사람과의 관계, 특히 가족과의 관계가 가장 가까운 인간관계라고 생각하지만 결정적인 위기나 문제 상황에 봉착했을 때 선뜻 자신이 처한 상황을 털어놓지 못하는 경우가 많다. 너무 가까운 인간관계이기 때문이다. 모든 사람은 말로 다 할 수 없는 저마다의 힘든 상황에서도 하루를 살아 내기 위해 오늘도 힘겨운 사투를 벌이며 자신과의 관계는 물론이고 다른 사람과의 관계를 만들기 위해 사투를 벌인다고 생각하자.

살피지 않으면 보살필 수 없다

믿음은 머리로 계산하는 게 아니라
가슴으로 느끼는 마지막 보루다

　미국에 있는 내 남동생을 생각나게 했다. 열 치료를 받고 있는 그 사람에게 갔다. 무릎을 꿇고 침대에 누운 그 사람과 눈높이를 맞췄다. "만약 최연욱 님이 내 남동생이라면… 내가 만약 최연욱 님 누나라면… 이렇게 혼자 버티는 모습을 본다면… 난 너무 슬플 것 같아요. 가족에게 비밀로 하는 건 아닌 것 같아요." 그동안의 서러움과 힘듦이 올라오는 것일까? 어쩔 수 없는 현실에 낙담했을까? 목 놓아 우는 그 사람의 손을 잡고 나도 한없이 울었다. 가족들에게 알리고 나서 그 환자는 다시 병원으로 가서 수술도 하고 항암 요법을 받는다고 연락이 전해졌다. 수순이 그렇게 흘러갔다. 병원에서 수술하고 방사선, 항암 요법을 하고 견디는 것으로. 잘되길 빌었다. 허준처럼 훌륭한 한의사가 될 것이라는 꿈을 이루길 바랐고, 그렇게 될 것이라 확신했다. 아파 본 사람이 환자 맘을 잘 아는 명의가 될 것이라고. 지금의 고통은 나중의 훌륭한 밑거름이 될 것이라고.

　몇 달 뒤에 연락이 왔다. 그 환자가 많이 안 좋고 병원에서 할 것은 다 해서 요양원에 있다고 말이다. 한의원을 통해서 나를 찾는다고 했다. 만나서 건넨 그분의 첫 마디가 "미안해요."였다. 가족들의 설득으로 병원으로 갈 수밖에 없었던 사정을 설명했다. 나는 당신의 잘못이 아니라고 말했다. 우리는 또 한 번 같이 울었다. 얼굴이 반쪽이 되어 알아볼 수가 없었고, 몸은 부어 있어 가슴이 아팠다. 가족들이 케어하면서 환자가 그동안 안 먹고, 아무것도 안 하고 짜증만 냈는데, 내가 주는 것은 먹고, 커피 관장도 하고, 하자는 대로 순순히 하는 모습에 감사해했다. 그렇게 희망적인 하루를 함께한 것이 그분과의 마지막이었다. 한참 뒤에 연락을 받고 장례식에 갔는데, 가족들의 눈빛이 싸늘했다. 살리지 못한 원망의 말을 눈으로 대신 하는 듯했다. 진실된 간절함일 때는 가끔 다른 느낌이 든다. 믿느냐 안 믿느냐에 따라서 느낌이 다르다. 믿음은 머리로 계산하는 게 아니라 가슴으로 그냥 느끼면서 확신하고 자신의 신념으로 만드는 마지막 보루다. 물러설 수 없는 최후의 마지노선에서 믿음은 사람과 사람을 새로운 관계로 이어 주기도 하지만 그렇지 못할 경우 사람과 사람 사이를 떨어뜨려 넘을 수 없는 경계를 만들기도 한다.

살피지 않으면 보살필 수 없다

07

간호사의 돌봄,
돌보는 자를 돌보는 따듯한 바라봄

군대가 가장 견디기 힘든 조직이라고 하지만 사실상 간호사 조직도 만만치 않은 수직 구조를 가지고 있다. 간호사는 감정적이고 관계 중심적인 여성 집단이라 더욱 그럴지도 모르겠다. 그래서 조직에는 음양의 조화가 더욱 중요한 것이 아닐까 한다. 간호사 문화에는 '태움'이라는 용어가 있다. '재가 될 때까지 태운다'라는 말에서 유래한 은어로, 간호사의 직장 내 괴롭힘과 유사하게 쓰이고 있다. 나도 신규 간호사 시절이 있었고, 병원 조직에서 있었지만 태움 문화라고 딱히 못 느꼈다. 당연히 모르는 것을 배우는 과정 속에서 자연스러운 가르침이라 생각했다. 내가 잘하면 된다는 생각이었지만 언론 매체에서 태움이란 사건과 보도를 보면서 간호사의 태움 문화의 심각성을 인지하게 되었다.

간호사는 냉정한 자세와
온정의 손길을 겸비해야 한다

내 지난 시절을 되돌아보니 나는 그렇게 태움을 당한 기억이 없다. 그래서일까? 나도 간호사들을 태운 기억이 없다. 아마도 시집살이를 한 며느리가 시어머니가 되면 오히려 더 며느리에게 시집살이를 시킨다는 것과 같은 맥락일 것이다. 그런데 아는 분이 다시 묻는다. "설마 태움이 없었을까? 네가 젖은 장작 아니었을까? 태워도 태워도 타지 않는 젖은 장작처럼 말이야." 상상하니 웃음이 빵 터진다. 만약 그렇다면 얼마나 태우는 분이 힘드셨을까 싶게 말이다. 운이 좋게도 나는 신규 때 성숙한 선생님들과 일했던 것 같다. 업무적으로 모르는 것이 많고 아무래도 느릴 수밖에 없는 신규 입장에서 난 내가 할 수 있는 쪽으로 채운 것 같다. 조금 더 선생님들께 잘하려고 노력했던 것 같다. 커피믹스가 없던 시절이라 커피, 설탕, 프림을 2:2:2 타시는 분과 2:1:2 타시는 분들의 취향을 파악해 미리 타 놓고, 무거운 증류수 통들과 기계들을 다 정리해 놓고, 의식이 없는 중환자들의 체위 변경은 혼자서 다 해 놓는 등 태도가 적극적이었다.

느리고 배워야 할 것이 많은 신규라 몸으로 주로 채웠다. 그러나 무엇을 하든지 내가 왜 이걸 하지가 아니라 진심으로 내 일이고 중요한 일이라 생각했다. 태도가 먼저이지 아닐까 싶다. 실수도 하고 느리고 미숙한 신규가 어떻게 답답하지 않을 수가 있을까? 그것을 기다리며 지켜봐 준 선배님들이셨고, 나는 내 할 일을 작은 것부터 최선을 다하며 실력을 쌓아 나갔던 것 같다. 나의 문화 충격은 신규 선생님들이 병원 들어오면 나갈 생각부터 한다는 것이다. 조그마한 불씨가 보여도 지레 겁을 먹고 도망간다는 것이다. 지푸라기처럼. 나 몰라라 하는 무관심한 젖은 장작이 아니라 땀으로 최선을 다하며 묵묵히 젖은 장작처럼 일해 보는 것도 필요한 것이 아닐까? 감정의 화살이 오가며 상처를 주고받는 불타는 현장에서 살아남는 방법을 체득하는 과정이 가장 소중한 배움이다. 힘든 상황에서 겪어 본 소중한 체험이 소신껏 일할 수 있는 원동력이 된다. 직장은 어디나 전쟁터나 다름없다. 특히 간호는 촌음을 다투는 환자를 살리는 의사와 간호사, 그리고 보호자 간에 언제나 긴장과 충돌이 잠재되어 있는 살얼음판이나 다름없다. 이런 상황일수록 간호사는 상황에 휘둘리지 않는 냉정한 자세와 환자로 향하는 온정 어린 손길을 겸비해야 소신 있게 일하면서 소진되지 않는다.

양날의 검,
태움은 가르침인가? 괴롭힘인가?

간호 업무는 위급하면서도 과중하고 강도가 높다 보니 선배 간호사로부터 업무 역량이 부족한 간호사를 교육하는 과정에서 훈련과 훈육을 받는 일종의 과정으로 인식된다. 생명을 다루는 직업이라서 엄격하게 일을 배우는 과정에서 당연히 일어날 수 있는 불가피한 일이라고 인식되기도 한다. 위계적 간호 조직 문화 안에서 숙련도가 다른 간호사들이 교대 근무를 하며 팀워크를 가지고 일하는 과정은 책임과 부담의 갈등이 반드시 초래한다. 지식백과에서 간호사의 직업 정보를 찾아보니 직업 분류명에 '서비스(전문직)', 핵심 능력에 '대인 관계 능력'이 쓰여 있는 것이 인상적이었다. 무엇을 돕느냐보다는 어떻게 돕느냐에 따라 누군가에게는 가르침이 어떤 사람에게는 괴롭힘이 될 수 있다. 여러 조직에서도 선배가 후배를 힘들게 하는 일이 많을 텐데, 유독 간호사 집단의 교육 방식이 '태움'이라고 붙인 이유가 무엇일까? 열악한 직업 환경과 근무 여건 때문이지 않을까? 선배들이 힘들어하는 상황에서 후배가 어떻게 눈치를 보지 않을 수 있고, 힘든 환경에서 어떻게 좋은 말이 나갈 수 있겠는가? 사람들의 성격과 지식, 의식 수준, 경험의 차이에 따라 '태움'의 인식은 다를 수 있지만 상대방이 힘들어 보이면 방법을 바꿀 필요가 있지 않을까? 가르침에서 존중이 빠진다면 자칫 괴롭힘이 될 수 있다. "한 번 가르쳐 주면 알아들어야지, 머리는 장식으로 달고 다니냐?" "왜 이렇게 느려? 거북이도 너보다 낫겠다"며 화를 내는 언어폭력은 이제 물려주지 말아야 한다.

상담한 간호사 중에 긴장되어 잠을 못 자고 계속 일을 해 온 신규가 일하다가 쓰러진 적이 있었다. 선배가 "나도 쓰러진 척하고 싶네, 좀 쉬게."라고 하는 것을 듣고 상처를 받았단다. 잘하고 싶어서 열심히 하려고 하지만 긴장되고 두려운 환경과 업무에 매번 실수투성이인 신규는

살피지 않으면 보살필 수 없다

가만히 두어도 자책하고 자존감이 떨어진다. 혼나는 것이 무서워서 물어보지 못하고 혼자 알아서 하다가 더 큰 일을 만들지만 누구에게도 물어볼 수 없는 그 혼자인 느낌은 또 어떤가? 같은 상황이래도 당차고 표현력 있는 신규가 힘든 점과 보호받고 안정이 필요한 신규가 느끼는 점은 다르게 표현된다. 주도적으로 일하고 싶은데 일단 신규 말을 묵살해 놓고 보는 선배 때문에 자존심 상하는 신규와 천천히 배우고 싶은데 일단 해 보라고 밀어붙이는 선배 때문에 매일 눈물로 보내는 신규도 있다. 선배가 해야 할 것은 업무의 가르침 이전에 그 사람과 연결성을 갖고 마음을 잇는 것이 먼저다. 잠시 내 스타일 내려놓고 후배에게 맞춤식 가르침을 주려면 먼저 마음을 알아주면 좋겠다. 우리 간호의 멋짐은 나보다 나 이외의 것을 소중하고 귀하게 여기고 지지하는 아름다운 힘을 가진 것이다. 물론 선배들도 본인 업무에 시달리면서 후배 일까지 봐주려니 얼마나 힘들까 하고 알아봐 주는 후배 또한 상대를 케어하는 마음을 배우길 바란다.

자신을 돌보지 않고
남을 돌볼 수 없다

간호사들은 교대 근무를 하기 때문에 수면 패턴이 불규칙하며, 바쁘면 식사도 못 하고 일하기 때문에 위장관 상태도 예민한 사람이 많다.

주위에 스트레스로 인해 신체적, 심리적으로 병든 간호사들을 많이 봤다. 몸과 마음이 같이 간다는 것은 근거를 들어 증명하지 않아도 이젠 모두가 아는 사실이다. 마음을 달래서 몸을 좋게 하기엔 시간이 좀 더 필요할 수도 있겠으나 몸은 잘 돌봐 주면 마음이 금방 펴지는 것을 느낀다. 몸과 마음의 균형이 너무나 중요하다. 몸과 마음 두 가지 모두 많이 쓰는 간호사들은 스트레스가 많다. 의도적으로 몸을 따로 돌봐야 한다. 하루 종일 뛰어다니느라 퉁퉁 붓고, 탄력스타킹으로 겨우 버틴 자신의 다리를 가볍게 두드리고, 주물러 주면서 부드럽게 쓰다듬어 준다. 누가 해 주면 참 좋겠지만 자기가 자신에게 하는 것이 진짜다. 몸에게 말을 걸어라. 남을 케어하고 알콜 소독을 하느라 건조하고 까칠해진 손을 따뜻하게 감싸고 가꿔라. 자신의 손과 다리를 돌보면서 고생했다고 힘내라고 용기를 주고, 자신의 가슴과 배에 손을 얹고 집중하여 어떤 느낌이 올라오든 용서하고 친절하게 대하라. 그리고 가슴에 무엇이든 꽉 찼다면 쏟아 내어 비우고, 호흡하고 내려놓아라. 그 감정과 상황과 생각들이 당신이 될 수 없다.

몸은 친절하고 따뜻하게 돌보야 하고, 마음은 에너지를 전달하라. 이왕이면 자비심을 가지고 나를 괴롭혔던 사람들에게 용서하기를 선택해 보자. 어차피 모든 인간은 남에게 괴로움을 끼친다는 사실은 명백하다. 나도 그 속에 있는 것이다. 미국 자기계발 프로그램에서 배운 좋은 연습이 있다. 당신에게 상처를 입혔던 사람 때문에 감정이 괴롭다면 그 사람을 떠올리면서 이렇게 연습해 보자.

살피지 않으면 보살필 수 없다

자비심 연습

1. 그 사람을 생각하면서 혼잣말로 한다. "나와 똑같이 이 사람도 자기 삶에서 행복을 찾고 있다."

2. 그 사람을 생각하면서 혼잣말로 한다. "나와 똑같이 이 사람도 자기 삶에서 고난을 피해 보려 하고 있다."

3. 그 사람을 생각하면서 혼잣말로 한다. "나와 똑같이 이 사람도 슬픔과 외로움과 절망을 겪어 알고 있다."

4. 그 사람을 생각하면서 혼잣말로 한다. "나와 똑같이 이 사람도 자기의 욕구를 충족시키려 하고 있다."

5. 그 사람을 생각하면서 혼잣말로 한다. "나와 똑같이 이 사람도 삶에 대해 배우고 있다."

이 연습은 머리로 그려 보는 것으로 이해하는 것이 아니다. 진정 마음으로 밉고, 싫고, 생각만 해도 화가 치미는 사람을 가슴으로 초대하여 자비 연습을 해 보자. '그래, 그럴 수도 있겠지. 이해하지 뭐'가 아니라 직접 느껴 보자. 정직한 내 마음을 말이다. 자비심 연습을 하면서 가슴으로 그 사람이 들어오고 이해되면서 그 사람도 나와 똑같이 아픔을 느끼면서 눈물이 흘렀다. 나와 연결된 순간이 되면 가해자 피해자가 아닌 같은 마음을 가진 하나가 되는 경험이었다.

관계자 외 출입 금지,
누가 관계자일까?

관계자 외 출입 금지 구역은 흔히 통제 구역이다. 공간적 제한을 말한 경우에는 특별 장소가 될 것이고, 심리적 제한을 말한 경우에는 특별 관계가 될 것이다. 공간적 관계자 외 출입 금지 장소인 수술실에서 일한 적이 있다. 각자의 역할에 따라 선이 확실히 그어져 있고, 보이지는 않지만 멸균 지역과 오염 지역을 확실히 나눈 장소이다. 그렇게 지킬 것을 지킴으로써 인간의 생명을 지키는 기본을 갖추게 된다. 집도의의 수술 시야를 확보하게 돕고, 수술 순서에 맞게 도구들이 제공되고, 안전하고 정확한 수술이 이루어질 때 수술 참여자는 완벽한 관계자이다. 수술 도구가 부딪혀 방향을 잃고 휘청거려도 척척 받아 내는 나의 숨은 능력을 발견한 장소였고, 수술 도중 배가 아파 오는 생리적 현상을 물리치고 수술만 집중할 수 있는 책임감을 배운 인간 승리 장소였다.

인간관계에서 관계자란 누구일까? 뜻을 같이하는 사람들, 즉 내 편

살피지 않으면 보살필 수 없다

들이 아닐까? 또는 어떤 일을 하는 과정에서 직간접적으로 영향력을 행사하는 사람들이다. 보이지는 않지만 신뢰를 기반으로 맺어지는 인간관계나 서로가 믿고 신뢰하며 정직을 최우선으로 생각하는 인간관계 속의 모든 사람을 관계자라고 볼 수 있다. 관계자 사이에는 불문율처럼 반드시 지켜야 할 약속과 규율이 있는데 이걸 일관되게 지켜 낼 때 단순히 비즈니스 관계를 넘어 정이 넘치는 따뜻한 인간관계로 발전할 수 있다. 자기 자신의 이해도와 성숙도가 높은 사람이, 함께 하는 사람의 말을 경청하고 공감하며 믿어 주고 도와줄 때 관여되는 모든 동행자는 완벽한 관계자이다. 이런 관계자들 사이에서는 쉽게 이해되지 않는 상황 속에서 나보다 상대를 더 사랑하는 아름다운 관계의 연대망이 형성된다. 복잡한 감정으로 속앓이와 머리가 지끈 아파 와도 있는 그대로의 상대를 지지해 주는 행복을 가르치고 배우는 곳이 바로 관계자들이 연결되어 살아가는 공동체다.

관계자는 일정한 목적 의식을 갖고 주어진 일을 추진하는 과정에서 맺어지는 존재다. 특별한 관계가 주어지고 유지되는 수술실에서 관계자는 어떤 위치에서 무슨 역할을 수행하면서 관계자로서의 존재가 드러나는지를 알아본다.

첫째, 수술 전 수술실의 소독을 위해 닦는 것처럼 인간관계를 맺기 전 내 마음을 갈고 닦는다. 마음은 청동 거울처럼 주기적으로 닦아 내지 않으면 잡념 같은 때가 낄 수도 있다. 둘째, 수술의 전문성을 위해 공부하고 연습하는 것처럼 인간관계의 유연성을 위해 공부하고 연습이 필요하다. 가까운 인간관계일수록 더 세심한 배려와 존경이 필요하고 상대방을 이해하기 위한 지속적인 공부가 필요하다. 셋째, 수술은 혼자서만 잘한다고 되는 것이 아닌 것처럼 인간관계도 한 사람만 잘한다고 원만한 인간관계가 형성되지 않는다. 인간관계는 철저하게 두 사람의 관계가 연결되는 상호작용 속에서 탄생한다. 넷째, 수술이 끝나고 추후 관리도 중요하다. 인간관계도 첫인상만 좋으면 되는 것이 아니라 후속적 관리를 지속적으로 할 때 더욱 아름다운 인간관계로 발전할 수 있다. 다섯째, 수술실에는 수술과 직접 관계있는 소수 관계자만 들어간다. 인간관계도 불특정 다수와 복잡하게 맺기보다는 소중한 몇 사람과 깊이 인간관계를 맺을 때 믿고 대화할 수 있는 인간적인 관계가 성립된다. 여섯째, 수술실은 언제나 응급 상황이며, 긴급하게 들어간다. 인간관계도 응급 상황이 발생할 때, 그것도 특정한 사람과 반복해서 비슷한 문제가 발생할 때 과감한 수술을 통해 바람직한 인간관계로 복원시켜야 한다. 마지막, 수술실과 인간관계의 공통점은 모든 병에 수술이 필요한 것이 아니듯, 모든 인간관계에도 수술이 필요할 정도로 심각하지 않은 경우가 많다. 간단한 관심과 애정만으로도 원상복귀될 수 있는 인간관계가 많다.

가벼운 인간관계가 무거운 인간관계로 변질되고, 무거운 인간관계는 서로가 상처를 주고받는 병적인 인간관계로 자신도 모르는 사이에 설상가상으로 악화일로를 거듭하기도 한다. 이런 인간관계는 수술을 해

살피지 않으면 보살필 수 없다

도 치유되지 않는다. 악화일로를 걷기 전에 서로에게 더 이상 아픔이나 상처를 주지 않으려면 중대한 결단을 내리고 지금까지 맺어 왔던 인간관계를 단절시키는 극약 처방을 하는 데 오히려 더 좋을지 모른다. 인간관계 단절이라는 극약 처방을 내리기 전에 1%라도 이전 관계로 회복할 수 있는 가능성이 보인다면 그동안의 아픈 인간관계는 잊어버리고 원상 복귀하려는 쌍방의 눈물겨운 노력을 기울여 보는 것도 사람과 사람 사이에 사람이 살아가는 삶의 원형을 회복하는 소중한 결단이 될 수 있다. 의사와 환자, 그리고 간호사가 하모니를 이루며 절묘한 시기에 초집중과 몰입이 전제되는 수술이 따를 때 환자 건강이 회복되듯이 인간관계도 당사자는 물론 당사자 간 관계에 영향을 주는 모든 관계자가 서로의 이해타산을 내려놓고 진심과 진정성으로 임할 때 바람직한 인간관계로 거듭날 수 있다.

인간관계의 모든 병은 무엇인가를 겪지 않으려는 데서 생겨난다. 서로가 불편한 사항이 있음에도 불구하고 모르는 척 또는 알고는 있지만 말하는 게 귀찮아서 묻어 두다가 화를 더 크게 자초하는 경우가 많다. 문제가 있다고 판단되면 망설이지 말고 서로의 불편하거나 기분이 좋지 않은 점을 빨리 겉으로 드러내고 서로의 오해를 풀지 않으면 잘나가던 인간관계에도 하루아침에 금이 가기 시작한다. 병에 걸리지 않으려고 불필요하게 관계하지 않으려는 노력이 오히려 화를 불러온다고 생각할 때, 더 심각한 질병으로 전락하기 전에 조기에 수술하는 게 인간관계를 회복하는 지름길이 될 수 있다. 인간관계는 책으로 배우는 게 아니라 실제 삶을 통해서 다양한 인간관계 맺음을 통해 몸으로 배우는 체험적 각성이다. 인간관계에 대해서 쉽게 생각하는 사람은 없다. 저마다의 어려움을 갖고 최선을 다해도 영원히 완벽하게 배울 수 없는 인생 수업이 바로 인간관계다. 끊임없이 배우고 노력하면서 어제와 다르게 살아가려는 안간힘을 쓸 수밖에 없다. 다양한 상황에서 이전과 다르게 연습하고 훈련함으로써 조금씩 개선이 될 수 있다는 것에 희망이 생긴다.

09

생각만 깊이 한다고
인간관계는 바뀌지 않는다

인도 프로그램 코스 중 마음에 적용하는 법칙과 현실에 적용하는 법칙은 다르다고 배웠다.

친구에게 줄 수 있는 최고의 선물은
함께 있어 주는 것이다

2002년 부산 의료원 근무 중 노인 병동 건물이 새로 지어졌다. 노인 병동은 고령화 시대에 맞춰 그 당시에 붐이 일었던 의료 사업 분야였다. 오픈 멤버로 선정되어 선생님들과 함께 전문 노인 병원을 찾아다니며 새로운 살림을 꾸렸다. 한방에 6명의 어르신이 입실하고 도와주시는 여사님들이 각 방마다 계셔서 간호사들이 순회하면서 보살피는 방식이었다. 주로 암 환자와 치매 환자가 입실했다. 그때의 오윤정은 환자의 마음을 다 보지 못하는 어린 간호사였다. 췌장암 말기 할머니가 계셨는데, 통 말씀이 없으셨고, 사람들과 관계 맺기를 싫어했고, 한마디로 까칠했다. 통증도 있어서 마약성 진통제도 처방 중이었던 걸로 기억한다. 지금 생각해 보면 얼마나 아프셨을까, 얼마나 고통스러우셨을까. 그때는 헤아리지 못했던 것이 마음이 아프다. 아프고 희망이 없는 절망 상태여서 모든 마음을 닫은 상태였을 텐데 그때 나는 주사와 처방만 잘 챙기는 것이 부끄럽지만 유일하게 한 일이었다.

며칠 휴가를 갖고 병원으로 출근하니 그 할머니가 밤에 욕실에서 자살 시도를 했다고 한다. 내가 든 첫 생각은 내 근무 때가 아니라서 다행이라는 것이었다. 그 생각이 먼저 들었다는 것이 정말 끔찍했다. 내 생각이 보이기라도 한 듯 미안해서 더 할머니 곁에 갈 수 없었다. 환자의 마음이 닫힌 것이 문제가 아니라 아무런 의식이 없는 간호사인 나의 모습이 마음에 지독하게 아프게 남아 있다. 어린 간호사는 아픈 마음에 대해서 어떻게 해 줄지를 몰랐다. 그저 주사 주면서 붕대 감은 할머니의 손목을 쓰다듬고, 돌아누운 할머니 등을 바라보는 것이 다였다. 다시 그때로 돌아간다면 할머니 곁을 말없이 정성껏 지킬 것이다. 할머니 마음이 어떠신지, 얼마나 아프신지, 얼마나 억울하고 화가 나시고 두려운지 말할 수 있게 곁에 있어 줄 것이다. 지난 일은 어쩔 수 없지만 지금 내가 할 수 있는 사람에게 하는 것이 그 후회를 갚는 일임을 알기에 나는 마음이 아픈 사람들을 그냥 지나칠 수 없다.

살피지 않으면 보살필 수 없다

나에게는 소꿉친구가 있다. 어릴 때 종이 인형을 잘라서 종이 집을 만들고 놀던 사이, 나뭇잎과 돌멩이로 소꿉장난을 했던 시절이 누구에게나 있을 것이다. 비만 오면 김치부침개와 김치볶음을 해서 꼭 날 부르던 친구였다. 한창 바쁠 때 서로의 길을 가느라 만남이 없었던 적도 있었지만 소꿉친구와 아직도 함께 놀 수 있는 사이인 것은 축복 같다. 보통 친구 사이에 이심전심, 말 안 해도 통한다는 말이 있지만, 사실상 현실에서는 불가능하고, 말을 하지 않으면 오해만 쌓이기 십상이다. 말을 하지 않으면 모르는 게 맞다. 그러나 드물게도 말하지 않아도 알 때가 있다. 나이가 들면서 그 영역이 늘어난다는 것은 노화의 특혜라고 생각한다. 얼굴의 주름도 주지만 인생의 흐름을 알아가게 해 주는 노화라면 언제든 환영이다. 주름이 생긴다는 것은 인생의 흐름을 타면서 우여곡절을 겪는다는 의미다. 그 주름 속에는 사람마다 다르겠지만 말 못 한 사연과 아픔처럼 희로애락의 묘미가 다 숨어 있다.

그 친구가 전화해 놓고 아무 말 없이 운다. 집으로 찾아갔지만 이불을 뒤집어쓰고 말을 하지 않는다. 나도 조용히 그 옆에 누웠다. 깜빡 잠이 들었고 일어나 보니 밤이 늦었고 친구도 자고 있었다. 집으로 돌아온 나는 자주 친구 집을 들르기 시작했다. 힘들어 보이는 친구를 위해 기장에 황토오리구이집을 데리고 가서 몸보신을 시켜 주고 싶었지만 오리는 쳐다도 보지 않아 속상했다. 워낙 자존심이 강한 친구라 주저리주저리 이야기를 듣는 것은 나중 일이었다. 어떻게든 해 주고 싶은 행동은 도움이 되지 않았다. 그저 함께 있어 주는 것이 내가 할 수 있는 일이었다. 그 마음과 함께 있는 것, 어떤 노력도 애씀도 도움도 필요 없고 그저 함께 있는 것이다. 그것이 마음에게 올바른 접근 방법이라는 것을 어렴풋이 그 친구를 통해 익혔다. 친구에게 줄 수 있는 가장 소중한 선물은 함께 있어 주는 것이다. 금전적 도움이나 선물도 소중한 도움의 일환이겠지만 친구로서 친구에게 줄 수 있는 최고의 배려는 함께 있어 주는 것이다.

위기는 생각하는 머리가 아니라
움직이는 몸이 극복한다

노인 병동의 치매 할머니들 방은 항상 시끌벅적하다. 전쟁통이라며 봇짐을 싸고 도망 다니는 할머니와 잡으러 다니는 여사님의 공방전이 매일 새벽마다 시작된다. 여사님과 할머니를 함께 눕혀 놓고 손을 맞잡고 꼭 안고 토닥토닥 잠을 재워야 조용한 아침이 밝아 온다. 우리는 치매 할머니들의 엉뚱한 행동과 말을 재밌는 상황으로 보지만 가족들을 몰라보는 할머니의 가족들은 얼마나 마음이 아플까 싶다. 나를 몰라보는 가족이라…. 가슴이 찢어질 듯하다. 그 아픈 마음에 할머님이 평소 좋아하시는 간식을 잔뜩 챙겨오는 가족들 마음도 이해한다. 순회를 돌고 있는데 복도에서 여사님이 간호사를 다급하게 찾는다. 소리나는 곳으로 가 보니 그 할머니가 얼굴이 시퍼렇게 변해서 누워 있다.

살피지 않으면 보살필 수 없다

돌아다니면서 떡을 드시다가 쓰러지셨다고 한다. 기도 폐색이었다. 의사에게 연락하고 활력 증후를 재고, 혈관을 확보해서 수액을 다는 행동들이 응급 시 매뉴얼이지만 그 상황을 본 나는 늦으면 안 된다는 생각밖에 없었다. 핵심으로 바로 접근해야 했다. 그때 몸이 먼저 움직였다. 응급 카트로 달려가서 후두경(기도 확보를 위해 기관 내에 관을 삽입할 때 쓰는 기구)을 가지고 와서 할머니 목을 뒤로 젖히고 후두경으로 혀를 누르면서 입을 벌렸다.

기도를 딱 막고 있는 떡이 보였다. 순간 할머니 입으로 들어가려는 손이 멈칫했다. 응급 시에 지켜야 할 것이 있기 때문이다. 현장에서는 떡이 더 들어가는 일이 발생하지 않도록 함부로 꺼내지 않는 것이 원칙이었다. 기다려야 한다. 그러나 멈칫도 잠시, 후두경으로 입안을 벌리고 숨을 참았다. 한번에 꺼내지 않으면 되돌아올 수 없는 지경을 만들기에 초집중 모드로 떡만 보고 한순간 훑어서 꺼냈다. 할머니의 숨이 터지면서 얼굴색이 돌아오기 시작했다. 무슨 정신이었을까? 그 순간 생각보다 몸이 더 빨랐다. 할머니가 숨을 쉬기에 침대로 옮기고 산소를 주면서 지켜보고 있을 때쯤 의사들이 달려왔다. 일어났던 일을 보고하고 나는 다른 일로 빠져나왔다. 하루가 어떻게 지났을까 모르게 근무가 끝났고, 나에게는 아무런 칭찬도 경고도 주어지지 않았다. 야단을 치기에는 할머니가 무사했고, 칭찬을 하기에는 내가 선을 넘은 것이다. 그 사건은 말 없는 가운데 지나갔다. 그때를 생각하면 아찔하지만 그래도 또 상황이 벌어지면 내가 어떻게 할지는 모르겠다.

유일하게 나에게 그 일로 계속 말하는 한 사람이 있었다. 할머니가 매번 찾아와서 목이 왜 아픈지 모르겠다며 혀를 차면서 돌아다녔다. 떡을 꺼내면서 입안 점막이 긁혔나 보다. "죄송합니다, 할머니." 그 이후로 노인 병동에는 '떡 출입 금지령'이 내려졌다. 원칙을 무시한 응급조치로 환자를 살려 냈지만 그 부작용으로 다른 부위가 아프다고 한다. 과연 그 당시 어떤 결단과 선택을 하는 것이 할머니의 위급한 상황을 극복할 가장 이상적인 조치였을까? 원칙대로 했으면 할머니의 생명은 자칫 위험해질 수도 있었다. 다행스럽게도 기도를 막고 있었던 떡을 끄집어내서 생명을 위협하는 방해물은 제거했다. 하지만 그렇게 위급한 조치를 취한 나의 행동이 과연 최선의 대안이었을까 지금까지도 물음표를 던져 놓고 곰곰이 생각해 본다.

서울에 시집와서 달라진 것은 매운 것을 잘 먹게 됐다는 것, 찜질을 좋아하게 됐다는 것이다. 맵고 더운 것을 못 참았는데, 인생의 참맛을 배운 셈이다. 겨울은 시댁 식구와 주말마다 찜질방의 세계에 빠져들었다. 유명한 찜질의 세계는 다 가 본 듯하다. 그러나 코로나 시대로 못 간 지 2년째다. 찜질을 하고 식혜와 계란을 먹고, 수다를 떨고 아이들 뛰어노는 것을 바라보고 쉬다가, 반신욕을 한 후 냉탕과 열탕을 왔다 갔다 하는 냉온욕을 하다가 냉탕으로 마무리하는 그 깔끔하고 시원한 맛, 집으로 돌아오는 길에는 삼겹살이나 매운 닭발집에서 맛있고 든든하게 마무리하면 그게 인생 참맛이다. 그리운 인생 장소다.

살피지 않으면 보살필 수 없다

매주 다녔던 목욕탕에서 벌어진 일이 있다. 반신욕을 하면서 앉아 있는데, 한 할머니가 머리카락을 물에 담갔다 뺐다 반복하고 있었다. 거기에 앉아 있는 사람들도 많았는데 할머니 행동이 수상했다. 자세히 보니 할머니가 정신이 혼미해 보였다. 할머니를 불러 보니 정신이 없었다. 바로 탕에서 꺼내어 바닥에 눕혀 다리를 올려 쇼크 자세를 취해 주고 인중을 꾹 눌렀다. 한의원에서 배운 정신 차리는 혈자리였다. 먼저 저혈당인지 몰라서 할머니에게 당뇨신지 여쭤보니 미세하게 고개를 가로저었다. 119에 연락하고 할머니 몸이 열탕에 너무 오래 있어서 시원한 곳으로 옮겼다.

추측건대 장시간 열탕에 앉아 있어서 혈관이 확장되었고, 부교감 신경의 과도한 활성으로 혈관이 확장되고 저혈압이 발생하여 실신하기 직전인 것 같았다. 119에서 할머니를 모셔 가고 다시 탕에 앉았는데, 소름 돋는 것은 그 많은 사람이 옆에 있는데도 아무도 할머니 행동을 주시하지 않았다는 것이다. 어르신들이 혼자 목욕탕에 와서 돌아가시는 이야기를 많이 들었는데, 부주의로 넘어지거나 무관심으로 운명을 달리할 수도 있겠다 싶었다.

때로는 침묵이 인간관계의
깊이를 더해 갈 수 있다

내 맘 같지 않아 서운한 친구와 나를 이해 못 한 것 같아 답답한 친구 사이에 대화가 더 필요할까? 각자 방식대로 해석하고 판단했을 터, 자기 말을 더 보탠들 관계가 말랑해질 것 같지는 않다. 친구 사이나 부부 사이에서 종종 이런 상황들을 본다. '제발 내 말 좀 들어 봐, 그때는 그랬던 것이고, 이때는 이랬는데… 왜 너는 내 맘을 몰라주니?' 서로 다른 색안경을 쓴 사람들 사이에서 아무리 심정을 토해 봐도 더 사이만 불편하고 오해는 더 쌓이고 할 말은 더욱더 많아진다. 서운한 점을 얘기할수록 돌아서서 더 맘에 걸리고 더 맘이 무겁고 불편하다. 두 사람의 관계에 도움이 필요한 것은 무엇일까?

"너나 잘하세요."라는 말이 모든 것을 함축한 명언이라 생각한다. 서로 자기 것을 보면 된다. '내가 이런 마음 때문에 불편한 것이었고, 내가 저지른 실수를 변명해 보려 애써 표현했구나. 그가 나를 이해 못 한 것이 아니라, 내 안에서 정직하지 못한 점이 있었구나.' 맘에 걸렸다는 것은 정직하게 바라봐야 할 것이 있다는 말이다. 나도 알지 못한 나의 숨겨진 의도와 내 속에 박혀 있어 옳다고 믿는 신념으로 인해 내 안의 것이 건드려져 상대에게 내비쳤다는 사실을 알게 되면 정말 부끄럽다.

살피지 않으면 보살필 수 없다

관계가 나빠진 사이나 불편한 사이의 사람들이 잘 해결해 보려고 우리 얘기 좀 하자고 하면 이미 관계는 더 악화될 것이 뻔하다. 상대방과는 절대 감정을 풀 수 없다. 더 보태게 되는 상황이 된다. 상대는 그냥 봐 주고 제3자에게 감정을 풀어 놓는 것이 감정의 효율성이다. 분출하지 못한 감정은 쌓이고 쌓이면 몸에 그대로 남기 때문에 몸이 아플 수 있다. 그래서 상담가가 있는 것이다. 우리는 해야 할 일과 하지 말아야 할 것을 분명히 구별해야 한다. 마음은 그대로 놔두고 현실은 행동으로 실천해야 하는데 사람들은 반대로 한다. 마음은 열심히 파고, 행동으로는 보여 주지 않는다. 내 마음은 상대가 풀어 주지는 않는다. 내 감정은 내가 직면하고 풀어내자. 마음과 현실에는 다르게 적용하고, 사람들 사이는 현명하게 관계하자.

부정적 상황일수록, 선불리 감정 표현을 하면 사태는 더욱 악화된다. 감정적으로 꼬였을 때는 아무것도 하지 마라. 잠시 휴면기를 갖고 다른 장면으로 주의를 돌리거나 아예 밖으로 나가 주어진 장면에 매몰되어 가는 자신을 건져 낼 필요가 있다. 이런 상황에서는 어떤 말이나 행동을 취하려고 하면 할수록 문제는 더욱 복잡해진다. 아무것도 안 하고 있을 때가 제일 힘든 법이다. 말하고 싶은 충동, 행동하고 싶은 욕구가 하늘을 찌를 때일수록 감정을 억제하고 자제하며 절제할 필요가 있다. 그렇지 않으면 감정은 자기 뜻과 관계없이 폭발하고 상대방은 분노와 적개심으로 돌변할 수도 있다. 아무것도 안 하는 순간을 견뎌야 한다. 내 마음 안에서 올라오는 소리도 보고 상대방의 변화무쌍한 감정도 보고만 있어라. 관계는 너를 바꾸는 것이 아니라 나를 정확히 보는 것이다. 내가 먼저 나를 다스리지 못하면 인간관계는 절망으로 치달을 수 있다.

관계의 정답은 있는 그대로 보기이다. 내 식대로 하고자 하니 관계가 꼬이고 어려워진다. 내 생각도 틀릴 수 있고, 내가 하는 말이나 행동도 관계에 금이 가게 만드는 장본인일 수 있다. 실수하지 않는 사람은 없다. 상처를 주지 않으려고 했지만 어쩌다가 상처 주는 말을 하는 경우도 비일비재하다. 늘 성찰하는 자세, 겸손한 마음으로 배우려고 노력하는 태도가 인간관계를 튼실하게 만들어가는 비결 아닌 비결이다. 모든 인간관계를 통칭해서 일반적으로 적용될 인간관계 철칙보다 인간관계를 맺는 상황에 따라 어떻게 하는 게 최선의 방책인지를 끊임없이 배우고 적용하는 노력이 필요하다.

살피지 않으면 보살필 수 없다

10

간호사의 원형,
백의의 천사인가 백의의 전사인가?

'간호사' 하면 어떤 느낌이 드는가? 억척스럽다, 무섭다, 친절하다, 예쁘다, 멋지다, 고생스럽다 등등 저마다 경험한 간호의 이미지가 떠오를 것이다. 간호사도 사람이다. 자신만의 성향이 있고 자신의 생각이 있다. 1996년 처음 병원 입사했을 때는 머리에 캡을 썼고, 치마를 입고 입술을 빨갛게 칠하는 똑같은 간호사의 모습을 추구했다. 그때는 그랬다. 이래야 한다는 당위성을 너무 내세웠고, 개성은 무시되던 때였다. 지금은 캡도 없이 머리 모양도 자유롭고, 옷도 일하기 편한 유니폼이다. 간호의 기술적인 것에는 매뉴얼이 있지만 간호에 매뉴얼을 정할 수 있을까? 부드럽게 다가가는 친절이 간호라고 생각하는 간호사도 있을 것이고, 전문성 있게 칼같이 일을 정확히 하는 것에 가치를 두는 간호사도 있을 것이다. 두드러지게 자신이 한 일을 알리고자 하는 사람도 있고, 뒤에서 지지해 주면서 전체적인 분위기를 조성하는 사람도 있다. 저마다 자신만의 간호 형태가 있다. 환자 중심적인 생각만 있다면 그 환자에게 필요한 간호를 고려해 자신만의 간호를 할 때 보람과 의미를 느낄 수 있다. 다양한 간호 형태지만 기본 바탕은 존중과 사랑을 배경으로 한 간호여야 한다. 그 마음을 배경으로 한 행동하는 간호여야 한다. 그래서 간호사는 백의의 천사이기보다 백의의 전사에 더 가깝다.

간호는 명사가 아니라
동사다

출근부터 퇴근까지 우리는 시간에 쫓긴다. 해야 할 일은 많고 새로운 환자는 계속 찾아온다. 신규일 때 가장 힘들었던 점은 시간이 모자란 것이었다. 동시다발적인 일들이 계속 생기는데 일은 끝이 없었다. 그래서 우선순위가 중요했다. 급한 것부터 하고 나중에 남아서 해야 할 것은 남겨 두었다. 간호는 행동이다. 환자에게 곧바로 시행해야 할 것은 바로 움직여야 했고, 차팅은 근무 끝나고 해야 할 일이 되었다. 움직이고 또 움직이고 움직여도 여전히 할 일들이 있는 것이 신기할 정도다. 인간을 대하기 때문이다. 환자의 계속적인 요구와 상황에 응대하기 때문이다. 그래서 간호는 명사가 아니고 동사여야 한다. 간호는 어느 정도 끝나는 완결성의 문제가 아니라 해도 해도 끝없이 보살펴야 하는 지속성의 문제다. 간호는 이 정도면 되었다고 생각하는 일정한 경지의 결과가 아니다. 오히려 간호는 똑같은 일을 반복해도 어제와 다른 마음가짐과 자세로 환자에게 가장 잘 맞는 서비스를 제공하기 위해

살피지 않으면 보살필 수 없다

부단히 노력해야 하는 영원한 미완성이다.

　병원에서 일하는 간호사는 주로 몸을 쓰는 직업이다. 마음을 다해 섬세한 케어도 하지만 다양한 환자들과 상황들로 몸과 마음이 정신없이 휩쓸려 지나가기에 머리보다 몸이 더 빨리 반응해야 하기 때문이다. 위중하고 응급인 상황들이 펼쳐지는 탓에 예민하고 민감한 곳이 병원이고, 그 속에서 버텨 내는 사람이 간호사다. 간호사는 체력이 기본이어야 하는 이유기도 하다. 체력이 바닥나면 간호할 의지가 있어도 자기 마음대로 몸은 움직이지 않는다. 간호는 머리로 계산하는 일이 아니라 몸으로 움직이는 일이다. 그것도 정해진 일을 반복하는 게 아니라 매번 다른 환자 상황에 따라 임기응변으로 빠르게 대응해야 하는 일이다. 체력 없는 간호사는 자기 본분과 사명을 다하기 위한 기본기가 없는 것이나 마찬가지다. 나는 간호 학생들이 병원 실습을 나오면 꼭 묻는 질문이 있다. "간호사가 꿈이었나요?" "간호대를 어떻게 지원하게 되었어요?" 막연한 이상에 끌려 간호사를 지원하지는 않았는지 묻는 것이다. 내가 이상적으로 꿈꾸는 간호와 현실은 하늘과 땅 차이다. 그만큼 투철한 사명감과 간호에 대한 남다른 애정과 관심 없이는 하루도 버티기 어려운 격전의 현장이다.

　갈수록 어릴 적 꿈보다는 취직이 잘 되는 직업이기에 선택했다는 대답이 많아진다. 간호사가 어릴 적 꿈이었다는 사람들이 곧 현실 속에서 자신이 할 수 있는 일이 없다며 좌절 속에서 그만두는 것을 보는 것도 안타깝다. 현실적이고 체력이 좋으며, 빠르고 적응을 잘하는 사람이 간호사로 오래 일하기도 하지만 각기 다른 성향이 많은 만큼 각자 펼치는 간호 스타일은 달라야 한다. 몸으로 뛰어다니는 것이 성향에 맞는 간호사는 자기 성향에 맞는 부서와 일을 찾길 바라고, 차분히 연구하듯이 자기 것을 만들어 가는 성향의 간호사는 임상이 아닌 다른 분야의 간호사가 될 수 있다. 병원이 나와 맞지 않는 것이 아니라, 나의 성향과 맞는 일을 못 찾은 것이다. 자기도 모르는 자신의 성향에 대해서 음양오행이 참 잘 맞다는 생각이 든다. 학교는 지식만 가르칠 것이 아니라 학교에서도 자신의 성향과 기질을 배울 수 있는 기회가 일찍 된다면 얼마나 좋을까 싶다.

간호사의 원형,
나이팅게일에서 찾다

영국 오라소마 컬러 바틀에도 나이팅게일 바틀이 있다. 바이올렛과 마젠타 컬러로 된 바틀이다. 플로렌스 나이팅게일은 우리가 모두 알고 있다시피 현대 간호학의 창시자이다. 여행가였던 부모가 이탈리아 피렌체에서 낳은 딸이기에, 피렌체의 영어 이름인 플로렌스라고 지었다고 한다. 나이팅게일은 청소년 시절부터 가난한 이웃들에게 관심이 많았고, 하느님으로부터 사회를 위해 일하라는 소명을 받았다고 한다. 그

살피지 않으면 보살필 수 없다

당시 열악한 병원 환경과 멸시받는 간호사는 대우를 생각하면 좋은 가문의 집에서 간호사가 되겠다는 딸을 그리 곱게 보내 줄 리 없었을 것이다. 그러나 본인의 의사대로 일을 시행한 것을 보면 보통 기질은 아닌 듯했다. 진짜 나이팅게일은 어떤 성향과 컬러로 태어났을까? 개인적인 호기심으로 태어난 생년월일로 타고난 성향을 알아보았다. 오행 기질별로 보면 화(火)의 기질이다. 타오르는 태양과도 같은 밝음이다. 사심 없이 모두에게 빛을 비추는 태양처럼 사람을 차별하지 않는다. 활짝 핀 한 송이 빨간 꽃처럼 모두의 주목을 받고 싶어 한다. 귀족처럼 우아하게 살아가기엔 열정을 꽃피우는 가슴 뛰는 삶을 살고 싶었던 의지가 더 강했던 것이다. 태양이 에너지를 발산하듯 화려하고 빛나고 퍼트리는 밝은 기운으로 하늘에서 사방으로 뻥 터지는 화려함과 밝게 비추는 기운, 어두운 것에 숨겨진 것들을 환하게 밝히고 드러나게 하는 기운으로 전달 능력이 탁월하다. 최고의 교사이자 선동가이고 사랑꾼이다. 기질 면에서 보면. 불이 순식간에 옮겨붙듯이 펼쳐지는 원리로 그 영향력을 널리 퍼뜨린다. 성격은 정열적인 힘, 무엇이든지 이어 가는 끈기, 따뜻함을 베푸는 정이 넘친다. 주도적이고 사랑의 감정을 한없이 쏟아 낼 수 있고 변함없이 표현된다. 화나면 무섭지만 뒤끝 없이 용서도 잘했을 것이다. 불합리한 것에 항의하고 도전하며 상황을 정리해서 통합해 내는 힘이 두드러짐이 보인다. 전쟁 속에서도 물자가 공급되지 않으면 창고를 부수면서 군대 내 조직에게 항거하고 체계를 개선해 나가는 등 확실히 행정가로서 탁월한 능력을 발휘했다.

나이팅게일의 씨앗 같은 인지컬러는 그린이다.

그린의 소명은 모든 일을 사랑으로 하고, 사랑과 평화의 공간을 만드는 것이고, 온 가슴으로 사랑을 주고받는 삶이 중요하다. 이 그린으로 사람 그 자체를 좋아하는 본성과 누군가에게 도움이 되고 싶다는 생각으로 주변을 지켜 주고 케어하려고 애쓰는 컬러이기에 전쟁 소식에 달려간 것이 아닐까?

나이팅게일의 행동컬러는 인디고이다.

인디고의 소명은 통찰력으로 본질을 파악하고 정신적 고결함에 도달하는 것이다. 숙고하고 통찰해서 인류에 공헌할 수 있는 것이 중요한 컬러다. 일 자체에 몰입해서 한 단계, 한 단계 꼼꼼히 체크하며 일을 하기에 마감 능력이 뛰어나다. 지적이고 팔방미인, 완벽주의자이며 정리정돈을 잘하고 확실하게 성사시키는 큰일을 하는 사람이다. 본인이 조사한 여러 가지 현황들을 그래프 작성법으로 최초로 통계학회의 회원이 되는 등 성실하고 꼼꼼한 성격에 엄격한 통계학자이자 사회 개혁가였다. 컬러를 알고 나이팅게일의 행적을 읽으니 타고난 컬러 성향대로 나이팅게일다웠다. 타고난 컬러와 기질을 풀어보면서 나이팅게일 삶을 이해할 수 있었다.

살피지 않으면 보살필 수 없다

마음으로 만난
나이팅게일

　타고난 컬러가 불의 에너지에 그린과 인디고다. 나이팅게일을 직접 만나지는 못하지만 가지고 태어난 성향 컬러를 가슴으로 연결해서 느껴 본다. 책으로 배운 나이팅게일이 아닌 그냥 느낌으로 다가가 본다. 불꽃처럼 화려하고 열정과 사랑이 넘쳐 소명대로 뜻을 펼치고 사람들을 위해 에너지를 활활 태웠을 것이다. 남을 잘 돌보고 이타적이기에 헌신하고 봉사하는 삶을 살기를 원하여 마음을 다 하지만 사람들이 몰라주면 얼마나 마음의 상처를 받았을까? 사람들과 친밀하고도 싶지만 안으로 깊이 들어가는 내성적 성향에서 거리 두기를 하고 싶은 두 마음과의 갈등에서 답답함과 고독함이 함께 하는 기분은 어땠을까? 사람들을 잘 이해해 주고 사랑으로 연결하다가도 권위 있는 지위로서 엄격함의 잣대를 세울 때 주위 사람들은 또 얼마나 힘들었을까? 노후를 고양이와 함께 지내면서 그 갈증을 풀지 않았을까? 무엇보다도 사람들이 나이팅게일을 정말로 존경하고 사랑하고 있음을 알고 있었겠지? 가슴에 쌓인 분노는 어떻게 풀었을까? 정에 흔들리기 쉽고 마음이 약해지려고 할 때마다 차갑게 다잡는 모습을 사람들은 이해했을까? 남들의 욕구는 잘 알아차려서 챙기지만 자신은 얼마만큼 보살폈을까? 몰입해서 일할 때는 희열도 있지만 정신이 하나도 없이 혼란스러울 때도 있었을 텐데… 사람들과 세상의 관계에서 센터 역할을 했지만 혼자만의 고립을 어떻게 감당했을까? 객관적 판단과 정리된 결단이 빛이지만 이해받지 못한 고집으로 내 세워질 때는 얼음처럼 차가울 듯하다. 끝내는 혼자 조용히 생을 마감했지만 우리들의 마음속에 사랑과 희생의 대명사로 남아 길이 이어진다. 나이팅게일의 불꽃은 계속 이어지고 있다. 한 인간으로서 연민이 생기면서 존경심이 느껴진다.

나이팅게일보다 더 앞선 간호사의 전형, 메리 시콜

나이팅게일에 대해 찾아보다가 우연히 메리 시콜이라는 간호사를 알게 되었다. 아쉽게도 태어난 생년월일을 알지 못해 타고난 컬러를 알수 없었으나 메리 시콜을 알면 알수록 이분이야말로 마젠타 에너지가 넘치는 성향이었다.

『마더 메리 : 나이팅게일에 가려진 검은 천사』.[11] 이 책은 1857년 메리 시콜이 쓴 『Wonderful Adventures of Mrs. Seacole in Many Lands』의 최초 한국어 완역본이다. 역사는 '백의의 천사' 나이팅게일만을 이야기할 뿐, 최전방에서 죽어 가는 병사들의 곁을 지켜 줬던 '검은 천사'는 기억하지 못한다. 메리 시콜이 쓴 자전적 책, '마더 메리'를 전

---

11) 메리 제인 시콜·진영 역, 『마더 메리 : 나이팅게일에 가려진 검은 천사』, 아미가, 2020.

자책으로 접하고 간호사의 원형을 또 찾은 듯했다. 아쉽게도 태어난 날을 몰라서 타고난 컬러를 볼 수는 없었지만, 책을 읽으면서 메리 시콜의 컬러 에너지를 유추해 볼 수 있었다. 나이팅게일 바틀이 바이올렛/마젠타 컬러라면, 메리 시콜은 마젠타/마젠타 컬러 에너지라는 생각이 든다. 부조리한 세상의 핍박에 굴하지 않고, 자신의 능력과 가치를 믿고 마음이 이끄는 곳을 향해 주저 없이 향했던, 위대한 메리 시콜의 자전적 모험 이야기를 읽고 감동했다.

이 책의 첫 장에 메리 시콜을 이렇게 소개하고 있다. 메리 시콜은 자메이카 출신 간호사 겸 사업가였다. 스코틀랜드 장교였던 아버지와 자메이카 원주민 출신으로 약초와 전통 요법에 통달했던 치료사 어머니 사이에서 태어난 혼혈이었고, 어머니에게서 물려받은 의료 기술과 천부적인 사업적 재능을 토대로 일찍이 간호사, 조산사, 의사, 약사 등의 역할을 훌륭히 해냈다. 시콜의 치료소는 위생, 환기, 보온, 수분 공급, 휴식, 공감, 좋은 영양 및 죽음에 대한 보살핌을 포함하는 간호 기술을 선보였으며 나이팅게일의 활약보다도 앞서는 것이었다. 1853년, 크림전쟁의 의료인들이 부족하다는 참상을 듣고 간호사로 지원하기 위해 런던으로 달려가 나이팅게일 간호단을 비롯한 여러 전쟁 사무소에 지원했으나 흑인이라는 이유로 모두 거절당했다. 그럼에도 결국 혼자서 자비를 들여 전쟁 최전방에 호텔 겸 치료소를 설립해 부상당한 병사들을 치료하고, 영양식과 쉼터를 제공하며 모든 이들에게 '마더' 혹은 '마미'라는 애칭으로 불렸다고 한다. 자칫 역사 속에서 사라질 뻔한 메리 시콜이란 이름은 2005년 우연히 액자 뒷면에서 그의 초상화가 발견되면서 재조명되었다고 한다.

전자책을 읽는 내내 메리 시콜의 생생한 목소리가 들리는 것 같았다. 마젠타의 에너지가 물씬 느껴지면서 위대한 사랑의 힘을 느꼈다.

"영광을 위해 싸우고 피 흘려 고통받는 나의 '아들들'에게 도움이 될 수 있다면 얼마나 기쁠까?" "언제나 도전하게 만드는 나의 타고난 열정으로 크림반도에 가기로 했다." "매일 매일 꾸준히 새로운 거절과 실망을 겪었다. 그럼에도 불구하고 나는 포기하지 않고 새로운 계획을 하기 시작했다." "나는 용감한 심장과 경험 있는 두 손이 유용하게 쓰일 수 있는 곳이라면 어디든 떠날 준비를 했다."

거침없고, 계산 없는 메리 시콜의 모든 말과 행동은 누군가의 마음에 불을 지피는 재주가 있다. 보이지는 않지만 느껴지는 에너지로 분명히 사랑도 전염이 된다. 모든 문제를 해결할 수 있는 유일한 답은 사랑을 주는 것이라는 것을 직접 보여주었다. 마젠타 에너지를 가진 사람은 어려서부터 친구들을 잘 돕고 적극적으로 끌어준다. 타고난 본성이 나약한 존재를 보거나 힘들어하는 것을 보면 맘이 아프고 무엇이든지 해 주고 싶어 한다. 메리 시콜의 유일한 소명은 사랑을 나누는 것이 아니었을까? 어떤 대가도 바라지 않고, 인정을 받고 사랑을 받기 위해 나누는 것도 아니었을 것이다. 사람들에게 무엇을 줄 수 있고, 그것을 할 수 있음에 그저 감사하는 에너지였다. 더 베풀고 충분히 에너지 줄 수 있을 때 그 자체만으로 행복해했다. 메리 시콜의 소명은 '신의 사랑을

살피지 않으면 보살필 수 없다

받은 자여, 감사하고 나누는 삶을 살아라'가 아니었을까? 감사하는 사람은 어떤 순간에도 어떤 상황도 순순히 받아들이며 기꺼이 겪는 힘이 있는 듯 보인다.

어떤 상황에서도
자신을 믿는다는 것

옮긴이는 "전쟁터 속 참혹한 위기 상황의 연속이었고, 그 가운데에도 스스로를 향한 굳은 신뢰가 주는 단단함이 문체에 묻어나왔다." "어떻게 이렇게까지 자신을 믿을 수 있는 것일까, 신뢰의 시작점은 어디일까 생각하면서 읽어 나갔다."라고 한다. 마젠타의 에너지가 그렇다. 매사에 초긍정적이고, 일도 잘하고 몸도 빠르고 부지런하다. 늘 일에 나서는 편이고 무엇이든 해결사 노릇을 한다. 항상 할 일을 찾아서 기꺼이 한다. 사람들이 필요하다는 것을 금방 알아채고 늘 기꺼이 내어준다. 마젠타 에너지를 가진 사람은 기본적으로 밝고, 사랑을 행동으로도 감정으로도 살피고 보살필 줄 안다.

직업을 막론하고 극한의 위기 상황에서 자기 본분을 다한다는 것은 극히 어려운 일이다. 그럼에도 불구하고 자신이 하는 일을 소명처럼 여기고 남을 위해 몸을 던지는 살신성인의 간호사, 그 전형을 메리 시콜에게서 볼 수 있다. 숭고한 사명과 책임감으로 무장하지 않으면 도저히 견뎌낼 수 없는 전쟁터에서도 한계에 도전하는 불굴의 의지를 간호라는 돌봄을 통해 거룩한 인간적 미덕을 몸소 실현한 것이다. 시콜의 주관은 세상의 다른 이야기에 휘둘리지 않고 무엇보다도 자신을 굳게 믿으면서 스스로 속이지 않는 꿋꿋함에서 절체절명의 위기 상황을 돌파하는 숭고한 용기와 도전정신이 살아 숨 쉰 것이다. 그렇게 다져진 마음이 전쟁터에서도, 다양한 편견 속에서도 고통에 처한 사람을 위해 일하도록 만들었다.

간호사가 어릴 적부터 꿈이었다는 사람들의 타고난 컬러를 풀어 보니 마젠타 컬러가 많았다. 역시 타고난 에너지대로 흘러가는구나 싶었다. 그러나 현실에서 겪는 고통과 좌절에서 꿈터를 떠나 버리는 마젠타 에너지도 많이 보았다. 꼭 타고난 에너지가 아니라도 간호사라면 마젠타 에너지를 많이 쓴다. 컬러 바틀을 바라보고 끌리는 것을 골라 보게 하면 많은 간호사가 나이팅게일 바틀을 뽑는다. 그리고 그 바틀 이름을 말해 주면 소스라치게 놀란다. 자신이 있어야 할 자리에 계신다고 말하면 그럴 리가 없다며 다시 뽑겠다고 한다. 간호를 하고 있으면서 나이팅게일 바틀을 뽑았다면 "정말 나의 천직이군요." 하는 것이 아니라 싫다고 밀어내는 것은 어떤 마음일까? 어쩔 수 없이 하고 있는 현실에서 더 이상 하고 싶지 않다는 지친 마음이 아닐까 한다. 간호를 하면서도 항상 여기는 내가 있을 곳이 아니라 다른 곳을 찾아 헤매고 있는데 여기라고 하니까 기겁한 것이 아닐까? 여러 강사가 말하길 간호사 집단에서 강의하는 것이 제일 힘들다고 한다. 처다보지도 않고, 반응도 없고, 도저히 무슨 생각인지 모르겠다고 힘들다고 했다. 나는 말해 주었다. 듣고 있지 않은 것이 아니다. 보지 않아도 다 듣고 있다. 너무 지쳐서 힘들어서 몸이 반응을 못 하고 있지만 그래도 다 듣고 있다고 말했다. 그러면서 내 마음이 짠했다. 누구보다 케어하는 자세가 잡혀 있고, 남을 위해서는 자동적으로 알아서 움직이고, 기본적으로 사람에 대한 사랑이 많은 간호사가 자신은 너무나 못 챙기고 있는 것에 대해서 말이다.

컬러 힐링에서 소그룹 모임을 할 때 마젠타 바틀을 뽑은 간호사가 있으면 모임을 이끌기가 참 수월하다. 긍정적인 데다가 리액션 좋고 적극적인 자세가 모임에 활력을 주기 때문이다. 어느 날 마젠타 바틀을 뽑아 놓고 시니컬하게 반응하는 간호사를 만났다. 병원에 대해 불평, 불만이 많았다. 무기력해 보였고, 모든 게 지루하고 언제까지 내가 다 해야 하는지 짜증이 많이 나 있었다. 불평, 불만을 세심하게 표현하는 이 선생님에게 감사했다. 말해 주어서 다행이었다. 표현하는 말 그대로 듣지 않았다. 말 너머 말하고자 하는 것을 들었다. 왜 나만 하는지는 내가 없으면 안 된다는 자신감이 넘치는데 주위는 항상 똑같이 느껴져 지쳤고, 기꺼이 행하는 사람이 어쩔 수 없이 움직여야 하니 재미없고 무기력해진 게 아닐까? 있는 곳이 잘못되었다고 다른 곳으로 가는 것이 해결책은 아니다. 그 마음 그대로 따라가기 때문이다. 어디서든 반복되는 상황을 경험한다. 당연한 것 같은 것도, 그럼에도 불구하고 그 속에서 감사함을 찾아보자. 뭐든 해내는 나를 한 번 더 믿어 보자. 내가 잘하는 만큼 다른 간호사도 속도가 다를지라도 잘 해낼 것이라고 믿어 주자.

간호사를 축복받은 직업이라고 하면 현장에 있는 동료들에게 욕을 먹을지도 모르겠다. 하지만 사람들이 의식주가 해결되고 자아 성취가 끝나고 나면 마지막은 나누는 것이 삶의 정수임을 나는 알고 있다. 우리는 돈도 벌면서 자기 성장도 함께하면서 남을 돕는 직업이니 모든 것이 간호사 안에 다 들어 있지 않은가 생각한다. 딸이 어렸을 때 나에게 했던 말이 생각난다. "엄마는 예쁜 아가들도 보면서 돈도 받는 거야? 좋겠다." 그렇게 부러워하더니 결국 간호사를 꿈꾸고 있다.

전자책을 읽으면서 메리 시콜의 사랑과 헌신과 봉사의 에너지와 불굴의 의지에 홀딱 반했다. 저 시대에도 저토록 본인 컬러답게 살아갈 수 있었다는 것이 놀랍고 존경스럽다. 나이팅게일은 본인답게 간호계의 환경을 바꾸고 체계를 잡고 교육을 전파하며 정신적인 지지자이며,

메리 시콜은 현장에서 더 사람들을 도우며 직접 간호를 한 실질적인 지지자 같다. 두 사람 다 본인의 컬러와 기질에 맞게 자기답게 살아 냈다. 그것이 제일 존중하는 바다.

바이올렛/마젠타 에너지 나이팅게일은 외모적으로도 여리고 조용하고 가냘프다. 신중하며 고귀함이 묻어나는 에너지이다. 마젠타/마젠타 에너지 메리 시콜은 외모적으로도 단단하고 힘 있고, 목소리도 우렁차게 울릴 것 같다. 행동하는 사랑이 가슴을 울리는 에너지다.

시대가 바뀌어도 간호사의 정신은 그대로 이어지고 있다. 나보다 남을 먼저 생각하고 배려하고 돌보는 그 마음은 같다. 지금도 메리 시콜처럼 아무도 알아주지 않아도 본인만의 간호 철학과 가치로 간호 행위를 묵묵히 행하고 있는 선배님, 후배님들을 생각하게 된다. 이 시대를 살아가는 백의의 전사이다. 전사들이 가고자 하는 방향은 다르더라도, 믿어 주는 나와 출발점은 늘 함께하면 좋겠다.

심는 대로
거둔다

메리 시콜은 전쟁이 끝나고 건강도 잃고 재산도 잃고 영국으로 돌아간다. "크림반도의 모험으로 얻은 재정적 재앙에 가난하고 무력한 지금 상황에 대해 부끄러워하려고 애써 봤지만, 일하면서 느낀 감동적인 순간과 경험이 주는 반짝이는 자신감만 느껴질 뿐이었다."

모든 것을 잃은 것처럼 보였지만 메리 시콜은 잃은 것보다 얻은 것이 더 많다고 했다. 회복의 기쁨을 얻기 위해 고통은 당연히 참을 수 있고, 사람들의 염려와 미소를 보았기 때문에 어떤 것도 감사를 할 수 있다고 했다. 나를 향해 활기찬 미소를 지어주고 숨김없이 웃어주는 사람들을 대하며 내가 영국의 부자 여성이 되어 돌아왔다면 이런 즐거움을 알 수 있었을까? 라고 마지막으로 글이 끝난다.

힘들었던 쓰디쓴 경험을 고통으로 끝낼 것인지, 고통 너머 나에게 주어진 선물로 승화할 것인지는 나의 관점과 태도에 따라 달라진다. 생각하고 마음먹는 것도 습관이다. 늘 생각해 왔던 대로 생각이 흘러간다. 새로운 물길로 흐르게 하려면 새로운 물길을 내어야 한다. 내가 그동안 해 왔던 말 한 마디, 생각 하나, 느낌 하나로 시작되어 지금 모습이 되었다. '왜 나에게 이런 일이… 왜 맨날 나만 당하는 건지'라고 상황 탓, 남 탓을 하면서 살아왔다면 10년 전과 지금도 똑같은 고민만 하고 있을지도 모르겠다. 같은 것이 반복된다면 거기에는 반드시 내가 배워야 하는 것이 있다. 새롭게 배우지 않으면 내 안에 있는 똑같은 것만 심게 되어 있다. 모든 상황에서 내가 선택할 수 있음을 배워라. 내가 원하는 곳에 주의를 주고 있는지, 늘 안 되는 것에 묶여 있는지를

살피지 않으면 보살필 수 없다

알아차려라. 내가 지금 무엇을 심고 있는지 깨어 있어라. 내가 심는 것을 그대로 걷을 것이다.

일상의 따뜻한 햇빛과 깨끗한 물과 신선한 공기가 당연한 것처럼 느낀다면 지루한 일상이지만, 이 얼마나 감사한 환경인가를 깨우친다면 일상의 기적을 맛 볼 것이다. 어떻게 내가 더 감사함을 찾을 것인가에 따라 살아있는 행복을 느낀다.

당연한 직장과 지겨운 환자와 아무것도 하고 싶지 않은 무기력한 일상이 반복된다면 이 상황에서 내가 어디에 꽂혀 있는지 알아차리고, 내가 가진 것에 더 기억하고, 내가 할 수 있는 것에 대해 더 감사하자.

다시 쓰는
간호사 선서

대학 재학 시절 가관식 때 촛불을 들고 나이팅게일 선서를 한다. 하얀 옷을 입고 촛불을 들고 나이팅게일의 숭고한 정신을 기리고 사명감을 고취시키는 의식이다. 나이팅게일의 사람에 대한 사랑은 변하지 않아야 할 것이지만, 우리는 우리 시대에 필요한 선언을 다시 해 봐도 좋을 듯하다.

나이팅게일 선서

"나는 일생을 의롭게 살며 전문 간호직에 최선을 다할 것을 하나님과 여러분 앞에 선서합니다. 나는 인간의 생명에 해로운 일은 어떤 상황에서도 하지 않겠습니다. 나는 간호의 수준을 높이기 위하여 전력을 다하겠으며, 간호하면서 알게 된 개인이나 가족의 사정은 비밀로 하겠습니다. 나는 성심으로 보건의료인과 협조하겠으며 나의 간호를 받는 사람들의 안녕을 위하여 헌신하겠습니다."

나다운 간호사 선서

"나는 일생을 나답게 살기 위해, 나와 좋은 관계에 최선을 다할 것을 나와 여러분 앞에 선서합니다. 나는 인간의 생명에 이로운 일을 찾아내어 실천하겠습니다. 나는 나의 성장을 높이기 위하여 전력을 다하겠으며, 그 성장이 타인과 의료계에 도움이 될 것을 믿습니다. 나는 성심으로 자비심을 가지고 타인과 관계하며, 나의 간호를 받는 사람들의 행복에 대해 매 순간 감사하겠습니다."

간호사가 된 이유야 여러 가지일 수 있고, 간호를 행하는 목적이 한 가지만이 답일 수는 없다. 각자 자신답게 자신의 가치대로 자신이 원하는 삶에서 자신만의 답을 가지길 바란다. 그 과정에서 힘든 일도 많겠지만 온전히 겪어 내고, 기꺼이 받아들이면서 행복을 찾는 간호사이길 바란다. 우리가 하는 일은 기본적으로 사랑을 전하는 것이다. 내 안에서 사랑이 넘쳐야 사랑이 전해진다. 언제나 자신의 목소리에 귀를 기울이고, 자기의 욕구를 살피고, 자신이 하고자 하는 방향에 레이더 망을 펼치길 바란다.

　사랑합니다. 지금도 각자의 자리에서 묵묵히 일하고 계신 간호사 선후배님들, 믿습니다. 우리가 가는 지금 여정이 더 나은 간호 역사의 한 획을 긋고 있는 중이라는 것을….

　K-POP이 전 세계적으로 뻗어나가 미국 빌보드 차트에서 1위를 하는 현실에서 한국 음악의 위상이 너무 자랑스럽고 놀랍다. K-nurse의 섬세하고 따뜻한, 정성스러운 한국 간호가 세계로 뻗어나가 K-nurse의 위력을 보이는 그날이 온 것에 감사드리는 모습을 그려 본다.

III

관계의 미완성,
우리는 일리 있는 관계인가?

01

생애주기별 관계 맺음 방법,
그것이 궁금하다

관계의 유형에 관계없이 이상적인 관계는 어떠해야 한다고 처방할 수 있는 일반적인 기준이나 매뉴얼은 없다. 사람과 상황에 따라 그리고 생애주기별 맺어 가는 인간관계의 특성이 저마다의 방식으로 존재한다. 모든 관계가 일정한 방식으로 맺어져야 한다고 정해져 있는 것은 아니기에 각 관계들은 특별하다고 본다. 인간의 발달과업처럼 좌절하고 절망하며, 성취하고 기뻐하며, 우여곡절과 희로애락을 경험하면서 인간관계도 성장하고 성숙되어 간다.

태어나서는 부모님과 밀착 관계 속에서 크고 자라면서 친구들이 절대적이던 시기도 있다. 연인이 나타나면 모든 관계가 뒤로 밀려나기도 한다. 자식들이 모두 자기의 삶을 찾아 떠나고 빈 둥지 속에 남은 부부의 세계도 다양하다. 인생의 마지막을 지낼 때 꼭 가족이 아니라 생각과 뜻이 비슷한 사람들이 모여 사는 공동체 관계도 의미 있다. 우리가 맺는 관계는 항상 변한다. 인생에서 유일한 불변은 변화이다. 나와 함께한 모든 존재들에게 평화를 바라본다.

말보다 몸으로 전달하는 근원적 인간관계, 부모 관계

아기가 태어나면 처음으로 관계하는 사람이 부모다. 생물학적으로 부모가 만나서 아기를 만들지만 에너지적으로 아기가 부모를 선택해서 온다는 이야기도 있다. 완벽한 영적인 존재는 경험을 할 수 없기에 인간으로 태어난다는 이야기다. 그래서 우리는 영적 경험을 하고 있는 인간이 아니라 인간의 삶을 경험하고 있는 영혼이라고도 한다. 사명과 목적을 가지고 세상에 와서 필요한 것을 배우고 성장할 수 있는 기회를 얻도록 지혜롭게 설계된 것이다. 태어나기 전 부모가 될 사람을 선택해서 온 것이든, 부모가 만나서 아기를 선택한 것이든 부모 관계는 모든 관계의 원형이 된다. 자식은 부모에게 사랑을 가르쳐 주러 온 존재 같다. 우리는 살아가기 위해 자식들에게 모든 것을 가르친다. 가끔 나는 내가 가르치는 것이 아니라 키우면서 같이 큰다는 생각이 든다. 부모라면 이렇게 해야 한다는 생각이 많은데, 그 생각은 어디에서 왔을까? 스스로에게 질문해 보면 좋을 듯하다. 어찌 보면 자식은 부모가 가장 많이 배울 수 있는 스승 같기도 하다. 가장 마음대로 안 되는 것이 자식일 테니까.

주위에서 부모와 자식이 많이 싸우는 대목이 자기 방 치우기였다. 자녀가 성인이 되어도 함께 살 때 방 청소를 해 주는 것이 제일 힘들다고 한다. 물론 자녀들의 성향에 따라 다르겠지만 부모가 자식과 함께할 때 끝이 없이 케어만 해야 하는 상황이라면 부모가 속이 썩을 만도

하다. 나도 결혼하기 전 부모님 집에 살 때 방 정리를 엄마가 해 주었다. 방을 치우라고 하는 부모와 나중에 내가 알아서 하겠다는 자식들 사이에서 늘 부모가 진다. 그 꼴을 보고 있지 못하기 때문이다. 부모가 기분이 좋을 때는 치워 주다가 힘들거나 짜증이 날 때는 언제까지 네 방을 치워야 하는지가 답답한 가슴으로 올라온다고 한다. 자신의 일은 자기가 하도록 교육하는 것이 올바르다는 신념이 있는 나는 아이들에게 계속 잔소리를 해 댔다. 그런데 신념을 바꾸기로 했다. 때가 되면 자기 일은 하게 될 것이라고. 아이들은 아이들 성향대로 방을 유지하는 것인데 못 참는 것은 내 신념 때문임을 깨달았기 때문이다.

기다리지 못하고 방을 치워 줄 때 내가 못 살아, 언제까지 이렇게 해야 하는 건지, 내 팔자야… 하면서 하는 것보다 이왕 치울 거면 이 침대에서 내 아이들이 잘 자고 회복하는 곳이네, 고맙다, 이런 마음으로 이불 정리를 한다. 물론 쉽지가 않다. 그러나 모든 생각과 감정도 에너지이듯 고스란히 자녀에게 이 에너지가 전달된다. 눈에 보이지는 않지만 이것이 교육이라 생각한다. 말로 떠드는 교육은 아이들에게 잔소리로만 느껴진다. 부모 관계에서 가장 중요한 것은 말보다 몸으로 전달하는 관계라고 생각한다. 그래서 아침에 깨울 때 소리소리 질러서 깨우기보다 다리를 마사지하면서 몸이 깨게 하려고 노력한다. 말보다는 몸으로 전달되는 사랑의 대화가 부모 관계에 가장 중요한 핵심으로 보기 때문이다. 신생아도 터치 마사지가 있다. 부모·자녀 사이의 대화는 터치로 하자. 마사지하면서 대화하면 아이들에게 듣는 말은 "너무 좋

살피지 않으면 보살필 수 없다

아!" "기분이 좋아!"이다. 그 말을 들으면 부모로서 해야 할 일을 다 한 듯하다. 자식이 행복한 것이다.

부모의 주요 감정은 미안함,
자식의 주요 감정은 답답함

아기를 키울 때부터 다 커서까지 부모가 가장 많이 하는 말은 "미안하다." 아닐까? 아기가 보채면 엄마가 늦어서 미안해, 아이가 넘어지면 엄마가 못 봐서 미안해, 아이가 불편해하면 엄마가 모든 게 미안하다고 한다. 그냥 입에서 나오는 말이 "미안해."다. 아기를 잘 케어하고 보살피려는 마음이 저절로 표현되는 말이 미안하다는 말 같다. 아이가 크면서 부모의 말은 달라진다. 학원 갔냐? 숙제했냐? 시험은 언제냐? 아이를 사랑하는 마음은 여전하겠지만 표현은 해야 할 일들로 꽉 찬다. 상처를 주고 싶어 하는 부모는 없다. 하지만 아이가 크면서 자기가 생기고 원하는 바가 달라질 때는 전쟁 같은 하루하루를 겪어 내는 부모 자식 간 관계가 많아진다. 널 사랑하기 때문이라는 말을 보다 많이 사용하기 시작한다. "좀 더 열심히 하면 내가 너에게 다 해 줄게."라는 조건화 사랑으로 변질된다. 부모는 부모대로 최선을 다하지만 자녀들이 원하는 방식이 아니다. 안 되는 방식을 너무나 열심히 하시는 부모님의 끝은 어디일까? 자녀들과의 불편한 관계가 어디에서부터 틀어졌을까?

자식들은 부모 품에서 자라면서 오직 엄마 얼굴만 쫓아다니면서 떨어지지 않으려고 껌딱지처럼 살아가다가 점점 세상 밖으로 눈을 돌리게 된다. 부모님에게 사랑을 듬뿍 받은 것에 대한 감사함이지만 때가 되면 부모님 품에서 나오는 시기가 있다. 이 시기를 자연스럽게 여겨지지 않는 부모라면 자식들은 죄책감을 갖는다. 부모님이 나에게 어떻게 했는데 내가 이래도 될까, 나는 나쁜 자식인가 보다. 하지만 나로서 살아가며 부모의 그늘에서 벗어나 독립심을 갖기에는 자기 마음이 중요하다. 부모 마음과 같지 않은 것이 당연할지도 모른다, 부모님 입장에서 생각할 때 불안한 출발이지만 생각만큼 아이들은 불안하게 살지 않는다. 부모의 지나친 보호심리로 인해 이들의 자생력이 떨어질 수 있음을 자각해야 한다.

　관계를 회복하고자 부모들은 사랑한다고 말한다. 관계가 더 틀어지는 것이 무서워서 그래도 사랑하는 마음을 표현하고자 노력한다. 그래도 내가 너를 많이 사랑하는 거 알지? 못 박듯이 확인시킨다. 자식들은 더욱 답답하고 부모가 원하는 대로 해 주지 못해 죄책감에 빠지고 무기력해진다. 진짜 자녀를 사랑한다면 사랑한다는 말보다 우선되는 것이 있다. 미안하다는 말이다. 자식이 어릴 때 함께하지 못해 마음 아파서, 자식이 힘든 것이 모두 부모 탓 같아서, 작은 것 하나라도 잘못될까 봐 미안하다 미안하다 되풀이했던 그 말이다. 내가 너의 마음을 몰라줘서 미안하다. 엄마가 내 뜻만 고집해서 미안하다. 내 마음은 그렇지 않은데 너에게 상처 주었다면 미안하다…. 자식들의 마음을 먼저

녹인 다음 용서를 구하고, 이렇게 잘 자라 준 것에 고마워하고 잘 살아가는 것에 감사하고, 그 마지막이 사랑이어야 그 사랑이 전달이 된다. 미안하다 표현하는 것이 제일 먼저다.

특별한 내 아이, 최고의 모범생 골드와
자유로운 영혼 터콰이즈

두 자녀를 키우고 있는 엄마로서, 많은 시간 함께 하지 못하지만 짧은 시간 최선을 다하려고 노력해도 항상 미안한 엄마다. 사랑하는 내 자녀를 위해 나는 내 스타일대로 아이들을 케어했다는 것을 깨달은 것은 컬러를 배우면서이다. 밥을 먹을 때 이것도 먹어 봐라 저것도 맛있다며 계속 권하고, 먹지 않으면 반찬을 밥 위에 올려 주고 골고루 먹이기 위해 밥상에서는 계속 잔소리였다. 그러나 컬러를 통해 서로가 다름을 이해하고, 내가 중심이 아니라 아이들이 원하는 것에 맞춰서 케어하는 것으로 바뀌었다. 편식을 하는 아이들에게 '그래, 먹고 싶지 않은 것에는 다 이유가 있겠지.'라며 존중을 표했더니 아이들이 컬러를 배운 엄마가 최고란다. 아이의 영양과 아이의 선택 사이에서 무엇이 중하단 말인가? 아이들의 결정이 중요하다. 상대의 입장과 처지를 생각하지 않고 내 뜻대로 강요하면 소통은 단절되고 소원해지기 시작한다. 소통이 아니라 소탕이기 때문이다.

딸은 골드의 성향을 타고 나서 어릴 때부터 애어른 같은 성숙함이 있었다. 3세 때도 놀이터에서 새로운 기구를 타기를 권하는 나에게 엄마 그건 위험할 것 같아서 안 하는 게 좋을 것 같다고 정확히 이야기하는 아이였다. 손잡고 걸어서 멀리 갈 때도 한 번도 힘들다고 하지 않아 괜찮은 줄 알았는데 그다음 몸살을 앓는 아이였고, 낮잠 자기 전에는 꼭 10권의 책을 가져와서 다 듣고 자는 아이였다. 유치원에서부터 자기 밥 다 먹고 친구들 밥 먹여 주기로 유명했고, 초등학교 다닐 때는 선생님들이 하나같이 규리한테 도움을 받는다고 고맙다고 했다. 가장 편 나누기 좋아한다는 6학년 시절의 담임 선생님도 규리는 끼리끼리 모이지 않고 모든 그룹과 다 어울려 모두에게 인기가 많다고 했다. 어른들이 규리에게서 위로를 받는다는 말을 많이 들었고, 항상 괜찮다고 말해서 엄마인 나로서는 걱정이었지만 그게 우리 딸이 타고난 성향이다.

자유로운 성향의 터콰이즈를 타고난 아들은 어릴 때부터 연예인이었다. 표정 하나하나가 살아있고, 보는 사람으로 하여금 마음을 뺏기게 했다. 호기심 천국으로 관심사가 늘 바뀌었고 새로운 것은 꼭 해 봐야 직성이 풀렸다. 팽이를 할 때는 모든 팽이를 다 섭렵했고 진정 즐거운 놀이로 푹 빠지고, 자전거에 관심 가질 때는 모든 기종과 부품들을 세세하게 다 알고 있고 계속 업그레이드했다. 같은 자전거를 오래 타지는 않았다. 부품을 바꾸던 장식을 하던 항상 새로운 자전거였다. 장난감 가게에 가면 할머니에게 최고로 비싼 것을 골라서 놀라게 해 놓고, 그

살피지 않으면 보살필 수 없다

다음에 자기가 원하는 것을 내밀면 조금 비싸더라도 흔쾌히 사 주게 만들었다. 원하는 것이 잘 없어 어른들이 무엇이든 사 주고 싶어 하던 누나와는 완전히 달랐다. 한마디로 돈이 많이 드는 아들이었다. 옷을 하나 입히려고 해도 본인이 마음에 안 들면 절대 입지 않기에 꼭 데리고 가서 본인의 의사를 물어봐야 했다. 어릴 때 한밤중에 귀가 아프다며 응급실을 가야 한다고 우겨서 데리고 갔는데 진짜 중이염 초기였다. 아이가 어떻게 이걸 느끼는지 놀랍다고 의사가 얘기했다. 느낌과 감성이 살아 있고, 끼가 다분해서 주위를 즐겁게 해 주는 아이였다. 혼자서도 잘 놀고, 친구들과도 잘 노는 우리 집 터콰이즈는 초등학교 저학년일 때는 학교의 분위기 메이커로 재밌는 아이로 통했다.

학교가 재밌는 골드 학생과
학교가 심심한 터콰이즈 학생

내가 두 아이에게 내 뜻과 바람을 얘기하면 반응은 다르게 나온다. 꽃의 기질을 타고난 딸은 언제나 "네, 엄마."라며 다정하게 웃어 준다. 꽃은 바람에 이리저리 맞추어 흔들어 주며 화기애애한 분위기를 유지시키지만 자기 뿌리가 단단히 지지하고 있어 자기 고집이 있다. 아들의 기질은 불이라 따뜻하고 정이 많지만 아니라고 생각하는 것에는 예스가 안 된다. 바람이 불면 불이 확 빨리 번지듯이 바로 싫은 반응을 내

비치며, 불평으로 툴툴거린다. 그런데 결론은 화를 내던 아들은 내 뜻대로 해 줬고, 알겠다고 순응하던 딸은 본인 뜻대로 했다. 아이들의 성향을 이해하고 있는 나는 자기 뜻대로 안 되면 화를 내는 아들이 끝내는 정으로 거절하지 않은 점과, 앞에서는 예쁘게 얘기하지만 결국은 본인 의사대로 하는 딸이 이해되고 자기다워 보여 너무 귀엽게 느껴진다.

심리를 배우고 오면 꼭 아이들에게 먼저 해 봤다. 그림 그리기를 통해서 스트레스 정도와 화를 다루는 방법을 보는 검사였다. 5년 전 일이다. 초등학생 딸이 그린 그림에서 '나 힘들어요, 도와주세요.'라는 사인이 보여서 깜짝 놀랐다. 너무나 평온하고 잘 지낸다고 생각했기 때문이다. "규리야, 그림에서 힘들다고 나왔는데, 혹시 힘들어?" 진지하게 물어보는데 딸은 괜찮단다. 속이 깊어서 감정을 잘 표현하지는 않지만 괜찮아 보였고, 그림이 안 맞을 수도 있지 하고 지나간 일이 있었다. 가급적이면 몸으로 대화를 하고자 잠자기 전 딸을 엎드려 놓고 등을 열 치료로 풀어 주며 이것저것 이야기를 나누었다. 어떻게 시작됐는지 모르겠지만, 5년 전 그림을 그렸던 그 때 이야기를 딸이 먼저 꺼냈다. "엄마, 사실 그 그림을 보고 엄마가 힘드냐고 물어봤을 때 나 울컥해서 눈물 날 뻔했어." 고백했다. "뭐라고? 말하지 그랬어." "근데, 엄마가 그렇게 내 맘을 읽어 주니까 그냥 스르르 녹았고, 그리고는 말할 것도 뭐도 없었어." 그 말을 듣는데 내 맘속에서도 일렁임이 있었다. 딸 마음도 제대로 몰라줘서 속상함이 있었다. 그리고 알아준다는 것, 알아봐 준다는 것, 무엇을 하지 않아도 그저 바라봐 준다는 것이 얼마나 중요

살피지 않으면 보살필 수 없다

한 일인가를 말이다. 무엇이 힘들었는지 물어봤는데 이미 기억은 없지만 누군가에게 위로를 받는 것이 싫었단다. 소란스럽게 떠벌려지는 것도 원하지 않았다고 했다. 누가 골드 아니라고 할까 봐. 골드 성향은 감정을 감정적으로 표현하는 것을 좋아하지 않는다. 알아서 잘하는 골드는 자기중심이 잘 잡혀 있어 누구의 도움을 잘 받지 않는다. 누가 엄마인지 가끔 헷갈릴 때도 있다. 이렇게 돈을 많이 쓰면 어떻게 하냐고 야단맞는 쪽이 항상 나이기 때문이다.

학교가 너무나 재밌다며 선생님들과 친구들에게 인기가 많은 골드 성향의 딸은 매일 신나게 학교에 간다. 학교생활도 잘 지키면서 싫은 소리 듣는 것을 질색한다. 그래서 반듯하게 행동한다. 반면 새로운 것 찾아 호기심 레이더망을 돌리는 터콰이즈 성향의 아들은 학교가 심심한 곳이다. 어떻게 하면 재밌게 놀아 볼까 찾아다니는 터콰이즈 성향을 제대로 봐 주는 학교는 드물지 싶다. 학교는 자신이 하고 싶은 것보다 해야 하는 것이 더 많기 때문이다. 아들은 학교에서 분위기를 활성화시키는 재미 담당이지만, 보는 사람에 따라서는 독특하고 산만하게 보일 수도 있다. 초등학교 5학년 때 학교생활에서 이점이 제대로 불거졌다. 이럴 때도 공부를 할 때 흥얼거리며 연필을 톡톡 치면서 했는데, 학교에서 조용히 하라고 지적당했다. 알림장을 불러 주면 받아 적어야 하는데, 적지 않아 혼났단다. 아들은 다 알아들었는데 왜 적어야 하는지 의아해했고, 왜 혼이 나야 하는지 이해를 못했다. 수업 시간에 화장실에 가고 싶어 손을 들었는데 쉬는 시간에 뭐 했냐며 가지 말라고 해서 화가 났단다.

수업 시간에 뒤에 있는 사물함에 가서 휴지를 가져왔더니 또 혼났단다. 콧물이 흘러 닦아야 하는데 왜 휴지를 가져온 것이 잘못인가 되묻는다. 수업 시간에는 똑바로 앉아서 허튼 짓을 하지 말아야 하고, 선생님 말씀 잘 들어야 하고, 선생님과 학교에서 정한 규칙은 잘 지켜야 하는 것이 선생님의 신념일 것이다. 자유롭고 순간마다 진실인 아들은 매번 지적당하고 제지당하고 혼나는 것을 억울해했다. 아들의 말을 들어 보면 이유가 다 있었지만 선생님 입장도 이해가 간다. 전체적인 분위기를 흐릴 수 있으니 개인적 행동을 제지시켰을 것이다. 학생을 이해하기보다는 원칙이 중요한 선생님에게는 아들이 골칫거리였을 것이다. 터콰이즈 성향이 감정적으로 예민하기에 선생님이 화를 내면 이유를 떠나서 그 에너지에 대해 아들은 힘들어했다. 나는 일이 있을 때마다 학교에 불려가서 선생님의 힘든 점을 듣게 되었다. 아들은 상담실에 자진해 찾아가서 자신을 이해해 주는 선생님께 마음을 표현했다고 한다. 그렇게 가르치고 바꾸려는 선생님과 통제가 이해가지 않는 아들 사이에 대립되는 1년이 지나고 6학년이 되었을 때, 아들은 그 선생님을 보고 싶었다고 자주 찾아갔다고 한다. 참 신기한 아들이었다.

아들은 자신을 억압한다고 생각되어서 가슴이 터질 듯이 답답했고, 화내는 선생님에게 그 화에 대한 반응을 했을 뿐, 선생님은 좋다고 한다. 선생님은 아들의 방문을 반가워했을까 생각하니 웃음이 나온다.

살피지 않으면 보살필 수 없다

학생들의 행동을 문제로 볼 것인지, 성향으로 이해할 것인지에 따라 너무나도 달라지는 아들의 이미지다. 자유롭고 항상 새로운 재미를 찾는 아들에게는 하지 말라는 조항이 너무나도 많은 학교가 재미가 없단다. 심심하단다. 아들에게는 학교가 시시해져 버렸다. "엄마가 날 이해해 주고, 내 편이 되어 주어서 너무 좋아."라고 말하는 아들에게 네가 하고 싶은 것은 하지만 다른 사람들과 함께 맞춰야 하는 부분도 있음을 부모로서 얘기해 준다. 세상에 호기심을 가지고 즐겁게 관찰하고 경험하는 터콰이즈 아이들을 ADHD(주의력결핍 과다행동장애)로 잘못 이해하지 않기를 바란다. 산만하다는 것은 아이다운 것이다. 장래 종합예술인이 되겠다며 여러 악기를 섭렵하고 있는 아들은 정말 매력적이다. 선생님에게 배우는 것이 아니라 독학이 재밌다며 혼자서 연습하는데, 기타 실력이 수준급이다.

악기는 꼭 선생님께 배워야 한다는 고정관념이 있는 나에게는 놀라웠다. 피아노를 왼손, 오른손 단계적으로 배워야 하는 것으로 아는 나에게 두 손으로 바로 치는 아들을 보면 내가 얼마나 제한적인가를 느낀다. 한 가지를 진득하게 열심히 해야 한다고 배웠던 나의 잣대를 세운다면 아들은 책임감이 없고, 변덕쟁이가 될 것이다. 그러나 아들이 가슴의 소리대로 관심이 옮아가는 성향을 난 이해한다. 요즘 세대는 자유로운 영혼들이 깨어나고 있는 듯하다. 자신의 방식으로 자기만의 세계를 만들어 가는 아이들이 우리가 배운 대로만 가르쳐야 하는 존재들은 아닌 듯하다. 오히려 어른들이 가슴을 열고 새로운 에너지를 받아들여야 하는 시대가 온 것 같다. 10살이 되던 해 이제는 10대가 되었다며 자랑스러워하는 아들은 가슴을 울리는 말을 잘한다. "내가 분리되어 내가 나를 바라보는 것 같은 느낌이야. 내가 누구지라는 생각을 해." 아들의 말은 귀로 듣지 않고 가슴으로 들어야 한다. 자신이 집중할 때, 원하지 않을 때는 정확히 터치가 싫다고 표현하지만 언제나 다정하게 다가오는 따뜻한 아들이다. 아들을 밝고 귀엽고 창의력이 뛰어난 학생으로 봐 주시는 담임 선생님을 만나면 아들은 빛이 난다. 담임 선생님이 아들이 교무실로 찾아와서 한바탕 애교를 부리고 갔다고 메시지를 보냈다. 치마를 입고 있는 사진, 선생님 앞에서 팔 굽혀 펴기를 하는 사진,

여러 사진을 보내 주는 선생님에게서 아들에 대한 사랑이 느껴졌다. 어느 날 담임 선생님이 복도를 지나가다가 수업 시간에 우산을 쓰고 있는 아들을 보고 사진을 찍었단다.

　　　　　　　살피지 않으면 보살필 수 없다

나는 수업 시간에 우산을 왜 썼는지 아들에게 물어봤다. 수업 마치는 종이 쳤고, 수업은 끝났는데 선생님이 계속 수업을 한 거란다. 종이 쳤기에 옆에 있던 우산을 썼단다. '그렇구나. 너에게는 종이 치면 수업이 끝난 거구나. 그리고 나만의 공간과 휴식이 필요하다는 그런 우산을 펼친 거구나.'라고 생각하니 또 아들이 이해가 되었다. 기발한 터콰이즈 성향의 아들에게는 못 당하겠다. 부디 수업하시는 선생님이 화나시지 않았길 빌어 본다.

인도의 가르침에서 배운 바로는 0~6세 아이들은 왕, 여왕처럼 대하고, 6~12세 아이들은 왕자, 공주처럼 대하고, 12세 이후에는 친구처럼 대하라고 배웠다. 사랑과 존중을 함께 하고, 아이들이 생각하고 결정할 수 있게 하는 것이다. 아이들을 대하는 마음의 자세를 말하는 것이라고 본다. 아이들을 있는 그대로의 모습대로 봐 줄 수만 있다면 다름이 문제가 아니라 성향으로 봐 줄 수 있다면 우리의 자녀들은 자기답게 클 수 있다. 어른의 생각의 옷을 벗어서 아이들에게 덮어씌우는 순간, 아이들의 무한한 상상력은 숨죽이기 시작하고 자기 컬러와 스타일대로 살아가지 않고 남의 눈치를 보기 시작한다. 한마디로 활기를 잃어버리고 자기 방식대로 의견을 밀고 나가기보다 남의 생각에 주눅 들어서 자기주장을 적극적으로 펼치지 못한다. 아이들의 세계를 있는 그대로 인정해 줄 때, 아이는 어른들의 생각 너머의 생각을 하면서 무한한 상상력을 날개로 비상하기 시작한다.

아이들을 대할 때 우리의 자세는 어떤가? 아이를 존중한다고 하면서 사실은 나의 뜻을 관철시키고자 하지 않는가?

중학교에서 호출이 왔다. 자주 연락을 해 온 담임 선생님이 면담을 요청했다. 도착하니 교감, 상담, 주임, 담임 선생님이 나를 기다리고 있다. '아, 심각하구나.' 선생님과 아이들이 아들로 인해 불편함을 겪고 있단다. 내 아들로 인해 힘들어한다니 죄송하고 미안했다. 내 아들을 잘 챙겨야겠다는 생각이 들었다. 나의 교육관이 잘못이었나. 내가 아들 성향을 잘 파악해서 있는 그대로를 봤고 우리 모자 사이는 좋았다. 그런데 밖에서는 잡음이 들린다. 아들은 빛이 난다고 한다. 선생님 말씀이 아들 삼고 싶을 만큼 예쁘다가도 무슨 저런 애가 있나 싶게 힘들 때도 있는 것이 차이가 너무 크단다. 좋아하는 선생님에게는 한없이 애교 부리고 싫은 선생님에게는 맞서는 모습이 학교와 학생들 사이에서 영향을 미칠 수 있겠다 싶다.

집에 와서 아이와 대화를 하면서 학교에서 바라는 점과 단체 생활에서의 지켜야 할 점을 조심스럽게 이야기했다. 이해되지 않으면 행동하지 않고, 세게 나오면 맞부딪히고, 좋은 사람에게는 한없이 좋게 대하는 아들은 주위 사람의 완전한 반영이었다. 호기심 천국에 집중력도 낮고 산만해서 수업에 방해가 된다는 반면, 학습 시간에 발표를 너무 잘하고 리액션을 잘해서 상점을 받는 극과 극적인 학교생활이었다.

학교에서는 부모로서 해야 할 일들과 내가 해야 할 부분을 말하고

살피지 않으면 보살필 수 없다

파이팅으로 나섰지만, 집에 와서 생각하니 우리 아들 입장에서도 참 힘들었겠다 싶다. 학교는 기대치가 있고 이래야 한다는 신념에 꽉 찬 조직이다. 개성은 지키되 인성 또한 중요하기에 나는 반성하는 기회라고 생각했다.

아들과는 그동안 싸워 본 적이 없었는데, 게임하는 아들 방에 들어갔다가 이제부터 게임 시간을 정하자는 얘기를 시작으로 아들은 대항하기 시작했다. 아들과 대립하는 시간을 겪으면서 힘들었다. 그리고 더 어긋났다. 이게 아닌데 하면서도 내가 뱉은 말에 나도 힘을 싣고 내 의견을 고수해야 한다는 것에 힘이 들어가니 둘에게는 힘든 싸움이 되었다.

아들의 반항하는 태도를 비난했지만 차차 내가 뱉은 말을 붙잡고 아들에게 안 되는 방법을 고수하느라 내가 힘든 것이라는 사실을 깨달았다. 아들은 게임을 줄이라는 말에 컴퓨터를 꺼 버리고, 일찍 자야 하지 않겠냐는 말에 누워 버린다. 이게 아닌데⋯.

소통은 안 되는 방법을 쓰는 것이 아니라 그 사람에게 통하는 방법을 쓰는 것이다. 이건 내 방식도 아들에게 통하는 방식도 아니었다. 방법을 바꾸었다. 팔짱 끼고 얘기하는 것이 아니라 다리를 마사지하면서 대화를 시도했다. 아들 방식대로, 이기려는 대화가 아니라 이해하는 대화로. 그게 옳았다. 학교에서는 잘 지키고 집에서는 네가 알아서 하는 방향으로 합의 봤다. 아들도 숨을 쉬어야 하니까. 다리를 뻗대다가 이

제야 풀어진다. "엄마, 아까 화낸 거 미안해." "나도 내 고집부려 미안해." 마사지는 사랑이다. 꼭 학교를 가야 한다는 정답을 말하는 것이 아니고, 네가 네 길을 찾으면 다른 방법도 있다는 것을 열어 놓자, 그런데 남이 가지 않는 길을 가는 것은 2배로 힘들다는 각오는 해야 한다고 했다. 아들이 말하기를 아까는 화가 나서 학교 안 간다고 그런 거지, 사실 학교가 좋고 선생님도 좋다고 한다. "그렇구나. 민성아, 학교에서 하라고 하는 것은 일단 지키고 정 힘들거나 이해 안 되는 점은 엄마에게 얘기하자. 괜한 오해를 만들지 말고, 난 너의 행복이 제일 중요해. 그냥 너대로 행복했으면 해." 오늘 나는 마음에서 단단한 것이 하나 풀렸다. 해야 할 일이 생겼다. 더 많이 사랑으로 품자. 가르치지 말고.

부모가 부드러운 말로 했다고 해서 아들에게 요청한 것은 아니다. 거절하면 그대로 수긍해야 요청이지만 거절한다고 화가 난다면 그걸 말투와 상관없이 명령이다.

우리는 아이들에게 명령을 하고 있지 않은가? 부드럽게.

또 다른 나의 모습,
그리운 친구

병원에서 5명의 친구를 만났다. 대학 다닐 때는 얼굴만 알던 친구들인데 같은 병원에 입사하고 동기라는 이름으로 엄청 친해졌다. 그렇게 중환자실, 응급실, 정형외과, 분만실, 신생아실에 취직해서 같은 병원 아래 우리는 신규 간호사라는 공통분모를 가졌다. 근무도 잘 안 맞고 일하는 곳이 달라도 같은 입장이라는 점이 우리를 하나가 되게 했다. 같은 상황을 겪고 있는 다섯 명의 간호사가 마음을 연결했다. 오프를 같이 맞춰 여행을 떠나고 서로 자신이 가장 중요시하는 것들을 나눴다. 그 당시 누구는 남친 이야기, 누구는 강아지 이야기, 조카 이야기, 식물 키우는 이야기 등 자신이 중요시하는 점들을 나누었다. 다른 이야기였지만 같은 사랑이야기를 나눈 것이다. 팀 이름을 '다섯년'에서 '오인걸'로 이름 짓고, 커플링도 맞추러 갔지만 각자 자신이 마음에 드는 반지를 하는 바람에 반지가 제각각이었다. 달랐지만 우린 커플링을 맞춘 것이다. 자기가 좋아하는 것을 주장해도 하나도 어긋남 없이 그대로 받아들여졌다. 지금 생각해 보니 서로가 서로를 너무 이해를 잘했고, 수용하고 배려했다. 친구가 외국 여행 중 부모님이 아프시면 내가 대신 보호자가 되어 줬고, 우리 아빠가 자주 입원하셨는데 그때마다 친구들이 근무인 나 대신 보호자인 엄마를 신경 써 주고 우리 아빠를 챙겼다.

자기 부서에서 도움 되는 것에 최선을 다해줬다. 우리 부모님도 딸들 친구가 있어 자주 왔다 갔다 해 줘서 든든해하셨다. 젊음의 최절정의 시절, 내가 운전하는 차에 타서 하루에 300㎞ 이상을 싸돌아다녔고, 나이트 마치고 아침부터 대패삼겹살을 먹었고, 나이트 마치고 송정바

다에 가서 회를 먹었다. 써 내려가니 잊고 있던 즐거움 가득한 추억들이 알알이 엮여 나오는 기분이다. 사량도에 놀러 가서 앞산에 잠시 산책한다는 것이 산으로 들어가 버려 길을 잃고 헤매다가 준비 안 된 암벽까지 탈 줄이야…. 목이 마르고 배가 고프고 고단한 산길에서 내려간다면 뭐가 제일 먼저 먹고 싶은지에 대해 수다로 대신 참아 냈다. 영양갱과 초코파이가 제일 먹고 싶다며, 내려가면 사 주겠노라고 위로하던 때였다. 서로를 각자 지지하던 그때 얼굴에 나뭇가지에 걸려 할퀸 쓰라림이 그대로 생생하게 느껴지는 듯하다. 모험을 떠난 오인걸처럼 산에서 내려오자마자 벌컥벌컥 마셨던 물맛이 떠오른다. 물이 제일 맛있다는 걸 깨달았던 순간이었다. 여러 가지 해프닝도 행복으로 여겨지던 때였다. 친구의 언니 시댁인 남해 섬에도 우르르 몰려가서 쏙(ghost shrimp, 새우류에 가까운 갑각류)도 잡고 갯벌에서 놀다가 오고, 허물없이 지내는 우리는 친구 이상이었다.

오인걸 MT에 갈 때 내 여동생이 서울에서 내려오면 그대로 같이 태우고 놀러 다닌 추억, 동생 말로는 그때 언니들은 뭐가 행복한지 참 잘 놀았다고 한다. 노래방에서 3시간을 댄스 음악을 부르며 시간 가는 줄 모르고 광란의 시간을 즐기다가 체력이 고갈되면 발라드로 마무리를 했다. 탬버린걸이 탄생하고, 가수도 있고, 술이 없어도 어쩜 그렇게 잘 노냐고 사람들이 신기해했다. 섬진강 벚꽃 축제에 가서 친구가 처음 산 디지털카메라에 모델이 되어 주고, 인생 사진을 얻고, 관광차에 얻어 타고 노래 한 곡으로 차비를 내고, 거기서 만난 어떤 노부부댁에서 하룻밤 신세도 지고, 간호사임을 알고 부탁한 영양제도 놔 드렸다. 지금 생각하면 사람들 간의 거리낌이 없었구나 싶다. 친구 집에서 자고 온 날에는 그 식구들과도 어울렸다. 아련한 내 청춘에는 오인걸이 함께한다.

각자 결혼을 하고 다른 삶을 살아가는 지금 각자 생활에 충실하지만 오인걸이라는 이름으로 통장이 있는 한 우리는 지속된다. 나이가 들어 가장 슬픈 것은 부모님의 장례식장에 한번씩 가게 된다는 것이다. 반갑게 맞아 주시고 우리 아이들을 데리고 가도 맛있는 밥을 해 주시던 친구의 어머니 장례식은 정말 힘들었다. 아빠를 보냈던 장례식장에서 친구 어머니의 장례를 치를 때도 가슴이 무너졌다. 얼마 전 또 친구 아버님이 돌아가셨다고 연락이 왔다. 부산에 한 번 다녀오기 힘들어하다가도 일이 있으면 바로 내려가는 나를 보고 시간이 없다는 것은 핑계임을 느꼈다. 나를 며느리 삼겠다고 좋아해 주시던 아버님이시라 마음이 더 힘들었고 장례식장 들어가는 것이 얼마나 두려웠는지 모른다. 나중에 내 결혼식장에도 몰래 다녀가셨다는 얘기를 듣고, 그렇게 좋아해 주셨는데 서울로 와서는 한 번도 찾아뵐 생각을 못 했다는 것이 마음 아팠다. 내가 뭘 놓치고 살아가는 것인가를 생각하게 했고, 마음을 마음으로 갚지 않으면 그 빚은 계속 남음을 느꼈다. 이 와중에도 친구들 얼굴을 봐서 좋았지만 이제는 우리들의 모임으로 만나자고, 아픔으로 만나지 않기를 바란다.

친구들이 왜 편한 존재인지 알아차렸다. 친구들은 너는 왜 그러니, 그게 아니라 이렇게 해야 한다고 서로를 바꾸려 하지 않는다. 내가 우울하면 우울한 대로, 화가 나면 그럴 만하다고 있는 그대로를 허용해 준다. 친구들은 서로에게 있는 그대로를 인정하고 봐 줄 수 있었던 존재였던 것이다. 친구들의 감정을 그대로 봐 주고 내 것과 같이 느껴 준다. 사소한 일상을 같이 나누고 흘러가는 생각들의 파편들도 나누어서 순간순간의 나를 알아주고, 이해하는 존재들이다. 나를 더욱 나답게 수용해 주는 친구들이기에 친구들은 또 다른 나이기도 하다. 젊은 시절 10년을 고뇌와 아픔과 기쁨을 함께한 친구들이여, 아름답던 시절에 순수했던 처녀들이 여인이 되어 버린 지금, 그때 너희들이 참 그립다.

부부관계

처음엔 접시꽃 같은 당신을 생각하며 무너지는 담벼락을 껴안은 듯 주체할 수 없는 신열로 떨려왔습니다.

「접시꽃 당신」이라는 시로 유명한 도종환 시인의 시 일부다.

아내와 나는 가구처럼 자기 자리에
놓여 있다 장롱이 그렇듯이

살피지 않으면 보살필 수 없다

오래 묵은 습관들을 담은 채

각자 어두워질 때까지 앉아 일을 하곤 한다.

……

본래 가구들끼리는 말을 많이 하지 않는다.

그저 아내는 방에 놓여 있고

나는 내 자리에서 내 그림자와 함께

육중하게 어두워지고 있을 뿐이다.

도종환의 「가구」라는 시에서 부부의 관계를 엿본다.

도종환 시인의 시에서 접시꽃 같은 당신이 가구로 변한 것이 부부관계의 변천사 같다. 관계에서의 진리는 변한다는 것이다. 좋았다가 나빠졌다면, 또 좋아질 수 있다는 말이다. 부부는 바라만 봐도 좋은 꽃이었다가 아무 말도 안 하는 가구일 수 있다. 세상에서 가장 가깝다면 가깝고 멀다면 먼 관계, 부부관계가 세상에서 제일 힘들지 않을까? 관계의 거리가 0일 수 있어서 무촌일까? 아무도 부부처럼 밀접한 관계를 가질 수는 없다. 주고받는 에너지가 비단 말과 행동만 아니라 보이지 않는, 알지 못하는 것까지 공유되기 때문이다.

문정희 시인의 부부라는 시를 보면 부부관계의 본질과 핵심이 잘 녹아 들어 있다.

부부란

무더운 여름밤 멀찍이 잠을 청하다가

어둠 속에서 앵하고 모기 소리가 들리면

순식간에 둘이 합세하여 모기를 잡는 사이이다.

너무 많이 짜진 연고를 나누어 바르는 사이이다

남편이 턱에 바르고 남은 밥풀 꽃만 한 연고를

손끝에 들고

어디 나머지를 바를 만한 곳이 없나 찾고 있을 때

아내가 주저 없이 치마를 걷고

배꼽 부근을 내어 미는 사이이다

그 자리를 문지르며 이달에 너무 많이 사용한

신용카드와 전기세를 문득 떠올리는 사이이다

결혼은 사랑을 무효화시키는 긴 과정이지만

결혼한 사랑은 사랑이 아니지만

부부란 어떤 이름으로도 잴 수 없는

백 년이 지나도 남는 암각화처럼

그것이 풍화하는 긴 과정과

그 곁에 가뭇없이 피고 지는 풀꽃 더미를

풍경으로 거느린다

나에게 남은 것이 무엇인가를 생각하다가
네가 쥐고 있는 것을 바라보며
내 손을 한번 쓸쓸히 쥐었다 펴보는 그런 사이이다

부부란 서로를 묶는 것이 쇠사슬인지
거미줄인지는 알지 못하지만
묶여 있는 것만은 확실하다고 느끼며
어린 새끼들을 유정하게 바라보는 그런 사이이다

부부는 사랑으로 시작했지만 사랑으로 식어 가는 과정을 사랑으로 보살피는 사이다. 부부란 "백 년이 지나도 남는 암각화처럼 그것이 풍화하는 긴 과정"을 거치면서 볼 것 안 볼 것 다 보는 사이이고 가장 가까우면서도 가장 멀리 떨어진 사이 같다. 하지만 거미줄처럼 약하게 연결되어 있는 관계 같으면서도 쇠사슬처럼 강하게 묶여 있는 사이이 기도 하다.

인도에서의 가르침에 부부의 관계에 대해 들었다. 부부의 5단계를 통해서 관계가 변질되는 과정을 설명하고 있다.

1단계 이상적 단계 - 모든 것이 좋은 단계이다. 열정적 흥미로운 단계다.

2단계 좋은 단계 - 단점이 있지만 오케이, 유대감을 가지고 함께함이 좋은 단계다.

3단계 사랑이 없는 단계 - 룸메이트처럼 생필품 공유, 감정적 교류 없음, 신뢰 없다.

4단계 도망을 계획 - 이 결혼을 왜 했지? 의심 상태

5단계 - 사실상 헤어진 단계

이렇게 관계가 변질된다는 것은 제때 상처를 치유 못 했기 때문이다. 서로의 오해와 비난으로 작은 틈(상처)들이 생길 때 막아 보는 것은 의미가 있으나 제때 수습 못 하면 크게 벌어졌다가 결국 관계는 무너진다.

갱년기 여성들을 대상으로 컬러 테라피를 하러 지역주민센터에 간 적이 있다. 요즘 주부들 얼굴이 좋아지는 것을 보면 "얼굴이 너무 좋아졌어요. 혹시 이혼했어요?" 인사를 한다는 그 말에 강의장이 떠나가라 웃음이 빵 터졌다. 모두들 공감하고 있는 속마음을 건드려 준 것일까? 맘속에 간직하고 꺼내지도 못하는 말을 시원하게 대신해 준 것일까? 실제로 이혼한 여성들의 얼굴이 좋아진다. 여러 사연이 있겠지만 그동안 가족을 위해 희생하고 나로 살지 못하고 누구의 아내, 누구의 엄마로 산 삶에서 나로 되돌아왔기 때문이지 않을까? 그런데 이 말도 본인

살피지 않으면 보살필 수 없다

의 결정에 따른 이혼은 그렇다. 하지만 여전히 상처를 안고 살아가는 여성들도 많다. 부부의 관계는 내가 받아들여지지 않는 부분에서 서로 상처를 주고받으며 끝내 힘들어진다. 내 것이 남에게 비추어지는 것이 남편이다. 내 것이 건드려져서 부인하고 싶은 것이 부인이다. 서로가 비난했던 것이 사실은 자기 것일 수도 있다는 알아차림이 전제된다면 관계 회복은 희망이 있다.

한때는 끔찍했던 부부관계에 놓여 힘들어한다고 전해 들은 선생님을 한참 후에 만난 적이 있다. 이야기를 나누고 있는데 남편이 들어왔다. 선생님은 남편을 그윽하게 바라보며 오늘 힘들었겠다며 어서 들어오라고 반기는 목소리에 나는 놀랐다. 남편이 들어가고 나서 선생님에게 물어봤다. 부부 사이가 너무 좋다고, 어떻게 된 거냐고. 기대하지 않고 본다고 한다. 너무나 바라는 점이 많을 때는 저 사람 때문에 안 되는 것 같아 힘들고, 다른 곳에서 힘든 점을 저 사람에게 풀었다고 한다. 고통은 사실에 있는 것이 아니라 관점에 있다. 내 기준, 내 기대, 내 잣대 때문에 고통이 있다. 고통도 해석이다. 해석된 고통만 고통으로 다가온다. 부부는 극도의 아픔과 극도의 즐거움을 주는 관계에서 자신을 그대로 비춰 주는 관계이지 않을까? 자신이 무슨 짓을 하는지를 인식하고 나니까 저 사람이 있는 그대로 보였단다. 인식하고 일단 멈추고 바라보았다. 관점이 바뀌니까, 내 탓임을 알고 나니까 편해지고 저 사람을 존중하게 되었다고 했다.

막내 남동생 부부는 대학교 캠퍼스 커플로 오랫동안 사귀고 결혼을 해서도 여전히 연애하듯이 산다. 곁에서 보면 서로를 잘 배려하면서도 자신의 요구는 정확히 표현해서 하나이면서도 둘이었다. 서로가 원하는 것을 정확히 지켜 주면서도 내가 하고 싶은 것도 같이 할 수 있는 사이다. 남동생 말이 인상 깊어서 수첩에 적어 놨었다. "남자는 여자의 몸을 지켜 주고 여자는 남자의 마음을 지켜 줘야 한다고." 부인을 보물처럼 아끼고 챙기는 모습과 남편이 아이처럼 툴툴거리는 마음을 다 받아 주는 모습은 아름답기까지 했다. 부부는 자신을 사랑하듯이 서로를 사랑한다. 자신을 진짜 사랑할 줄 아는 사람이 사랑을 준다. 정확히 내 안의 것을 옆에 있는 사람에게 푸는 것을 인식한다면 원수는 되지 않을 것 같다.

부부 관계에 통달한 사람이라면 모든 관계가 쉽지 않을까 한다. 부부를 잘 만나면 전생에 나라를 구했다는 말도 있다. 이번 생에 나라를 한번 구해 볼까? 후생에 멋진 배우자를 위해. 그것보다 지금 옆에 있는 배우자를 구해 보자. 후생의 좋은 나라를 위해. 눈치챘겠지만 모든 관계에서 중요한 것은 그 사람 있는 그대로 봐주는 것이다. 내 식대로 바라보는 것이 아니라 온전히 그 사람 자체를 알아주는 것이다. 나의 판단, 분별이 들어가지 않는 있는 그대로를 인정해 주는 것이야말로 모든 관계에서 제일 중요하고도 어려운 일이다. 그리고 가장 중요한 것, 관계의 핵심은 사랑이다. 내 방식이 아닌 그 사람이 원하는 방식으로 말이다. 사랑은 운명조차 바꾸는 혁명이다. 사랑하면 불가능이 없

살피지 않으면 보살필 수 없다

어진다. 사랑은 불가능을 가능으로 바꿔서 변화시키는 혁명의 다른 이름이다.

관계를 풀어 주는
7가지 감정 열쇠

감정 상태	관계 칠계명	관계 시 필요한 키워드
두려움, 현실에 너무 지쳐	힘을 내세요, 안전해	사랑
열등감, 감정적 육체적 쇼크	표현 하세요, 진실로	존중
불안감, 완벽하고 싶어 의심	비난 마세요, 자신을	믿음
외로움, 관계에서 균형 잡고자	슬퍼 마세요, 상처를	용서
불편함, 책임감 강해 중압감	진실하세요, 내 소리	정직
고립감, 정신세계에 빠져서	이해해 주세요, 내면을	공감
공허함, 모든 것 덧없이 끝나	친절하세요, 마음껏	감사

친구란 동화책이다. 마음속에 추억들과 함께 내 마음이 아름답게 머물러 있는 곳이다.

부모란 고전책이다. 좋은 거 알면서도 맞는 말인지 알면서도 잔소리 같고 다음을 기약한다.

동료란 요리책이다. 재료도 중요하고, 함께 어떻게 버무려 가는 것에 따라 다른 요리가 된다.

부부란 성경책이다. 원수를 사랑하라는 말씀, 아담과 이브의 사과처럼 거짓을 말하지 않기를 바란다.

02

관계 맺음으로 역전할 것인가?
관계 파괴로 여전할 것인가?

나를 알아 가는 컬러 강의 시에 가끔 미션을 준다. '나는 어떤 사람이야?'라고 가족들과 지인들에게 문자를 보내 보라고 한다. 처음에는 미적거리다가 답이 오기 시작하면 왁자지껄한 풍경이 연출된다. '무슨 일이야?'라고 걱정하는 문자부터 올 수도 있고, 안 하던 짓을 한다고 핀잔도 받는다. 묵묵부답, 함흥차사일 수도 있다. 그중에도 진심이 담긴 문자를 받고 관계를 다시 확인받기도 한다. 문자의 답을 함께 있는 사람과 공유하다 보면 자신보다 옆 사람이 더 공감한다. 흔히들 자기가 알고 있는 자기보다 남이 더 잘 알고 있는 것 같다. 나도 남편에게 '나는 어떤 사람'인가 하고 문자를 보내 봤다. '바쁜 사람'이라는 4글자가 돌아왔다. 그 속에 남편의 외로움이 숨겨져 있었고, 내가 그랬구나 느껴지면서 데면데면한 우리의 관계가 여실히 드러났다.

빛과 그림자는 모두 한 사람의
정체성을 드러내는 양면 거울이다

부부의 관계는 어떤 관계일까? 첫눈에 후광이 비치던 내 남편은 연애 시절 내 이야기도 잘 들어 주고, 말도 참 잘하는 참으로 평화롭고 침착하고 부드러운 남자였다. 친정엄마가 언제 결혼할 맘이 들었냐고 물어본 적이 있다. 그 당시 차가 없는 남편은 자전거 뒤에 나를 태우고 차가 다니는 터널을 지나고, 교차로를 통과하면서 여의도, 한강 등 서울 구경을 시켜 주었다. 등 뒤에 매달려서 차가 다니는 길을 다니면서 참 무섭고 놀라웠다. 믿음직했고, 책임감이 강하고 든든한 남자임을 느꼈다고 얘기하니까 엄마 말씀이 결혼 결심한 이유가 자전거 태워준 거냐고 웃으셨던 기억이 난다.

컬러 강의를 하고 다니면서 블루 이야기를 할 때는 어김없이 남편 이야기로 풀곤 했다. 가진 것 없어도 마음이 편안하고, 문제가 생겨도 침착하게 잘 풀어내는 믿음직한 평화주의자다. 하늘과 바다처럼 넓고 크고 변함없고 한없이 받아 줄 것 같은 편안함의 블루 성향이다. 컬러를 배우면서 그 사람의 성향이 빛이 있다면 그 반대인 그림자가 한 세트임을 배웠다. 블루 컬러가 보여 주는 빛의 상태인 모습에서 결혼을 하고 블루 컬러의 그림자 상태인 모습은 살면서 보게 된다. 그림자가 이혼의 사유가 되는 것이 아니라 결혼 전 그 사람과 같은 세트임을 기억할 때 우리는 그 사람을 보다 온전히 이해할 수 있다. 빛으로 찬란하게 빛

살피지 않으면 보살필 수 없다

나는 모습이나 그림자로 어두운 배경으로 빠져서 보이는 모습이나 모두 한 사람이 지니고 있는 본래 모습의 양면성이다. 한쪽 거울에는 빛이 보이지만 다른 쪽 거울에는 그림자가 보인다. 그림자는 존재의 또 다른 모습일 뿐이다.

남편이 새로운 일을 시작했는데 잘 안 되어서 집에 있었던 적이 있었다. 내가 배웠던 블루 성향의 그림자 부분을 여실히 보여 준 시절이었다. 나에게 블루를 완벽히 경험시켜 준, 공부시켜 준 스승님이 된 셈이다. 원래 악착같은 면이 없고 평소에도 돈이 뭐 그렇게 중요하냐, 먹고 살면 됐지, 100억 못 가진 건 모두가 마찬가지니 같은 입장 아니냐고 했다. 치열한 경쟁을 겪으며 치고 올라가는 건 적성에 안 맞았다. 그래서 블루 성향은 안정된 공무원이나 전문직, 기술직이 성향에 맞는다고 한다.

남편은 집에 있으면서 하루 종일 TV 리모컨을 잡고 있고, 하는 일은 술을 먹고 자는 것이었다. 멍하니 있으면서 묻는 말에 아무런 대답이 없었다. 동굴에 들어간 사람 같았다. 만약 내가 컬러 공부를 하지 않았다면 '지금 뭐 하는 거냐? 지금 이 상황에서 잠이 오냐? 뭐 잘했다고 술을 마시냐? 해결책을 찾아야지, 왜 말이 없냐?'라며 엄청 닦달했을지도 모른다. 나는 반대인 레드 성향이어서 남편의 차단하고, 게으르고, 무책임하며 우울한 모습의 그림자를 잘못된 것으로 보고 바꾸려고 했을 것이다. 아마도 목숨 걸고 남편을 움직이게 하고, 무엇이든 하게끔 남편을 활활 태웠거나, 아니면 내가 활활 탔을 수도 있다.

그림자도 기다리면
다시 빛의 모습으로 바뀐다

컬러를 배운 여자라고 해도 답답하고 화가 많이 났다. 그러나 남편이 블루의 그림자 상태에 있구나, 아무것도 안 하고 있지만 본인도 편하지 않을 거야, 밖에서 봤을 때는 태평해 보이지만 자신의 모습에 제일 힘든 사람은 저 사람이다, 있는 그대로의 블루 성향의 그림자를 봐주려 애썼다. 정말 책임지고 싶어 하고, 믿을 수 있는 사람이 현재 상황에서 뜻대로 되지 않기에 혼자만의 시간을 갖고 있고, 무시하지 않고 존중하면서 블루가 할 수 있다고 믿으면서 기다려 주면 옛날 그 빛의 존재로 온다고 배운 내용을 기억하고 있었기 때문이다. 내버려 두면 알아서 하는 속성이 있음을 기억하기 때문이다. 그 당시 내가 유일하게 한 것은, 그저 보고 기억하는 것뿐이었다. 저 사람은 아무 생각이 없다. 저 사람은 책임지려는 마음이 없다. 저 사람은 게으르기만 하고 아무것도 하려고 하지 않는다고 계속 올라오는 내 안의 소리를 듣고 사실이 아님을, 내 해석임을 알아차리는 것이었다. 상대가 왜 그렇게 생각하고 행동하는지를 알지 못한 상태에서 내 입장을 이야기하면 마음의 문을 닫을 수 있다. 그림자가 드리운 모습도 한 사람의 진면목이 만들어 낸 또 다른 증표다.

저 사람이 평화가 깨진 상태여서 저렇게 멍 때리는구나. 저 사람이 책임을 지고 싶은데 뜻대로 안 되어 모든 것을 놓고 있구나. 저 사람이

살피지 않으면 보살필 수 없다

정말 소통을 하고 싶지만, 믿음을 주지 못하는 상황이기에 스스로 입을 닫고 있구나. 남편의 힘든 상황과 모습을 보고 내 의견과 주장을 이야기하지 않고 있는 그대로 보는 것이 내가 한 일이었다. 몇 달이 지나고 컬러 강의 때 또 '나는 어떤 사람인가?'라고 문자 보내기 미션을 나누었다. 나도 조심스럽게 남편에게 문자를 보냈다. 강의하느라 대답을 못 보다가 끝나고 차 안에서 남편의 문자를 확인했다. '날 믿고 기다려 준 고마운 사람.' 순간 울컥하면서 눈물이 맺혀 버려 문자가 번지고 흐려 보였다. 눈을 비벼 다시 확인했다. 알고 있었구나. 내가 믿고 기다리고 애쓰고 있다는 것을 알고 있었구나. 무심한 사람인 줄 알았더니 다 알고 있었구나. 진짜 배운 대로 했더니, 힘들었지만 그게 맞구나. 절대 못 나올 것 같은 터널에서 빛이 들어온 순간이었다. 남편이 다시 툭툭 털고 일어나서 새로운 일을 찾기 시작했다. 내가 무리해서 하지 말라는 말에 이렇게 넋 놓고 있을 수 없단다. 다시 빛의 상태가 된 남편을 보면서 정말 부부의 소통은 각자의 성향에 맞춰 주는 것이 중요함을 느꼈다.

남편이 잘하는 일이 쓰레기 분리수거와 버리는 것인데, 원래 알아서 잘하다가도 내가 버려 달라고 하면 안 한다. "내가 알아서 할게."라고 하면 나는 지금 당장 하는 것을 말하고, 남편의 시간은 자기가 하고 싶을 때 하는 것을 말한다. 알아서 하는 사람을 성질 급한 내가 오히려 쓰레기를 못 버리게 만든다. 기다리면 자기가 버려야 할 시간에 버릴 것인데. 레드 성향의 내 속은 터지지만, 블루 성향의 남편과 내 시간의 길이는 달랐다. 그래, 믿고 기다려 주는 것, 속이 터져도 그가 내일 버리더라도 고맙다고 표현해야 한다. 그래, 배웠지, 그림자는 보는 것이고, 빛은 표현해 주는 것이라고. 그런데 우리는 반대로 한다. 잘한 것은 당연하게 보고, 못하는 것은 귀에 딱지가 앉도록 잔소리를 해 댄다. 하지 말아야 할 말을 하는 것도 소통의 문제가 된다. 내 방식대로 밀어붙이며 관계 파괴를 여전히 할 것인지, 관계 역전을 위해 있는 그대로 서로를 봐 줌으로써 새롭게 관계 맺음을 할 것인가?

살피지 않으면 보살필 수 없다

03

사이 좋은 관계의 맛,
어떤 맛일까?

친구란 두 개의 몸에 깃든 하나의 영혼이다.

-아리스토텔레스

"친구 따라 강남 간다."라는 속담처럼 묻고 따지지도 않고 따라갈 수 있는 것은 친구다. "길동무가 좋으면 먼 길도 가깝다." 먼 거리를 가장 빨리 가는 방법은 사랑하는 사람과 가는 것이라고 한다. 마음을 같이 하면 시간을 잊기 때문이다. 친구는 사전적 의미로 '자기와 가까우면서 정이 두터운 사람'을 일컫는 말이다. 보통 우리가 친구라고 하면 학교 같이 다녔던 사람, 어릴 때부터 함께 놀았던 사람, 나이가 같거나 비슷한 범위에 있는 사람들을 가리킨다.

다름과 차이를 존중해 줄 때
돈독한 인간관계의 꽃이 핀다

　나에게도 소꿉친구, 학교 친구, 직장 친구들이 있다. 그런데 부산에서 서울로 시집을 오게 되면서 자동적으로 거리상 멀어지게 되고 서로의 생활 반경에서 멀어지다 보니 만남도 뜸해졌다. 육아를 하고 다시 사회생활로 복귀한 한의원에서 여러 사람을 만났다. 흔히 사회에서 만난 사람들은 친구가 되기 어렵다고 한다. 아마 마음이 순수하지 않고, 자신의 이익에 따라 움직이므로 사회 친구는 진정한 친구가 될 수 없다는 말을 들었다. 정말 그것이 사실일까? 수긍되는 부분도 있지만 사회에서 만났기 때문이 아니라, 마음의 벽을 친 것이 이유일 것이다. 좁혀지지 않는 서로의 입장과 다른 관심사로 마음의 연결성을 느끼지 못하는 것이 이유이다. 한의원에서 친구가 생겼다. 주열로 환자를 치료하는 정막남 선생님과, 약제실에서 근무했던 박봉희 선생님이다. 나보다 훨씬 나이가 많은 분들이지만 총괄실장으로 일하는 나를 전폭 지지해 주셨다. 우리의 관심사는 한의원을 찾는 환자들이었고, 주 고객이 암 환자였다. 열정적인 근무 자세가 공통분모였고, 환자를 사랑하는 마음이 서로를 이었다.

　근무 마치고 저녁을 먹으면서도 환자 이야기로 꽃을 피웠고, 어떻게 하면 환자들에게 더 좋은 서비스를 할까 고민했다. 10년이 훌쩍 넘었고, 지금은 서로 다른 길을 걷고 있지만 아직도 보고 싶고 가끔 보는 사이다. 각자 보냈던 이야기보따리를 한가득 풀고 나면 언제나 마지막에는 그때 그 한의원 시절의 이야기와 친정 같았던 그곳이 잘되길 바라는 마음으로 마쳤다. 서로가 걸어가는 길을 존중해 주고 저마다의 고유한 개성을 인정해 줄 때 튼실한 관계의 싹이 자란다. 잘못이나 허물이 있어도 질근 눈감아 주고 따뜻한 애정과 관심을 보여 줄 때 더욱 돈독한 인간관계의 꽃이 핀다.

그렇게 '열정녀 모임'을 이어 가던 어느 날, 서로 나이 이야기가 나왔다. "저도 이제 50이 다 되어 가요." 세월이 야속한 듯 한탄하듯 꺼낸 내 말에 두 분은 나이가 70을 향해 가신단다. 서로 얼굴 보면서 빵 터져 버렸다. 내가 너무 어리다며, 한 번도 느끼지 못했던 나이 차이를 한순간 느끼고 놀란 것이다. 내 나이 30대 후반에 만나 이렇게 같이 늙어 가는 입장에서 감회가 새로웠다. 나이가 숫자에 불과하다는 말이 맞구나. 마음이 통하면, 마음으로 연결된다면 친구가 될 수 있다. 최근에는 소아과 교수님과 마음이 연결되었다. 컬러를 풀어 주면서 마음으로 이어진 것 같다. 그분의 컬러를 보면서 남들이 모르는 사랑과 배려를 느꼈고, 보이고 들리는 것이 다는 아니라는 것을 아는 내 입장에서는 한없이 따뜻하고 존경심이 우러나오는 사랑 그 자체였다. 그린의 사랑과 바이올렛의 고귀함이 나에게 울림을 주었다. 난 그린에게 한없이 약해진다. 그 그린의 마음을 잘 알기 때문인가 보다. 되돌려 드려야 한다는 마음이 저절로 생긴다. 이렇게 마음으로 연결되면 친구다. 서로 위하는 사랑이 생기면 친구다.

만나면 맛나는 관계는
따듯한 모닥불 맛이 난다

"고독은 내 곁에 아무도 없을 때가 아니라 자신에게 중요하게 여겨지는 것을 의사소통할 수 없을 때 온다." 심리학자 칼 융의 말이다. 뜻을 품고 뭔가를 하려는 의도가 있지만 그걸 나눌 대화 상대가 없을 때 사람은 고독해진다. 그런데 자신의 아픈 사연이나 미래를 향한 계획을 허심탄회하게 이야기하면서 서로가 서로에게 위로와 격려를 전해 주는 만남과 모임이 있다면 얼마나 행복할까.

부산에 있는 소꿉친구 화정이가 종종 얘기한다. 너는 너무 친구를 안 만난다고, 외롭지 않냐고 묻는다. 여러 사회 모임들 속에서 사람들은 많이 만나지만 내가 친구가 없는 것 같다고 말한다. 나도 스스로 반문해 본다. 바쁜 일정들 속에서 스쳐 가는 인연도 있지만 그렇다고 외롭냐고? 내 안의 가장 깊은 친구가 웃음을 지어 준다. 내가 그냥 나이기로 한 이후부터 내 안의 '오윤정'이 함께한다. 모든 사람 안에는 진한 내가 있다. 자신이 믿는 순간부터. 내가 나와 함께해 준다는 것, 내 의지와 내 행동이 정합된다는 것이 무엇인지 안다. 모든 것이 나로부터 시작이고, 내가 나를 어떻게 대하는가가 관계의 시작이었고, 내가 나를 좋아하는 순간부터 나는 내가 되고, 책임감 있게 나와 함께 산다. 잘 산다는 것은 나답게 사는 것이고, 힐링된다는 것은 나와 함께 있을 때이다. 자기 자신과 친구로 관계를 맺는 자는 더 좋은 친구를 주위에 둘 수 있다. '자기야'라고 친절하고 사랑스럽게 불러야 할 대상을 다른 누가 아닌 자기 자신이다.

　나와 사이가 좋은 관계의 맛은 핑크의 부드러운 맛이고, 너와 사이가 좋은 관계의 맛은 블루의 신뢰하는 맛이다. 모든 다양한 맛을 볼 필요는 없다. 친구는 뷔페가 아니라 맛집이 아니라, 나의 소울 푸드처럼 날 달래 주는 나만의 장소이자 내가 원하는 맛을 즐길 수 있는 행복한 음식점이다. 혀로 느끼는 미각이 아니라 마음으로 연결되는 맛이다. 곁에 있지만 느낄 수 없는, 그러나 그것으로 살아가는 공기의 맛, 시골길에서 불태우는 냄새가 나를 그리운 곳으로 데려다주는 추억의 맛이고 나를 알아주는 가슴 찡한 맛이며, 서로 걱정하고 위하는 따뜻한 모닥불 맛이다.

04

좋은 관계가
좋은 나를 만든다

삵

'사람'으로 읽어도 좋습니다.
'삶'으로 읽어도 좋습니다.
사람의 준말이 삶이기 때문입니다.
우리의 삶은 사람과의 만남입니다.
우리가 일생동안 경영하는 일의 70%가
사람과의 일입니다.

좋은 사람을 만나고
스스로 좋은 사람이 되는 것이
나의 삶과 우리의 삶을
아름답게 만들어가는 일입니다.

신영복의 '삶'이라는 글이다. 사람과 사람의 만남이 이어지고 관계가 형성되는 것이 인생이다.

인생을 잘 살려면 관계를 잘 맺고 사람과 사람들이 사랑하면 된다고도 할 수 있다. 사람이 사람으로 거듭나는 일도 사람을 만나는 일에서 시작된다. 사람을 줄이면 삶이 되는 이유는 삶 역시 사람과의 만남으로 이루어지기 때문이다. 사람은 사람과 사람이 만나서 이루어지는 삶의 사회역사적 산물이다. 사람을 바꾸는 일은 결국 사람이 만나는 삶을 바꾸는 일과 직결된다. 삶에 담긴 사연과 배경을 펼치면 그 속에 살아가는 사람이 보이고, 사람이 살아가면서 만든 얼룩과 무늬의 흔적이 축적되면 삶이 되는 이치다.

『이런 사람 만나지 마세요』[12]를 쓴 유영만 교수에 따르면 "내가 만나는 사람이 곧 나"라고 한다. 내가 누구인지를 아는 방법은 내가 만나는 사람이 누구인지를 물어보면 된다는 의미다. 결국 나는 내가 만나온 사람의 역사적 산물이라는 의미다. 독일의 문호, 괴테도 "지금 네 곁에 있는 사람, 내가 자주 가는 곳, 네가 읽는 책이 너를 말해 준다."라는 명언을 남긴 적이 있다. 내가 누구인지를 알아내는 방법은 세 가지 질문을 던져 보면 알 수 있다는 말이다. 네가 자주 만나는 사람이 누구냐? 네가 자주 가는 곳은 어디냐? 네가 주로 읽는 책은 무슨 책인가? 결국 나를 바꾸는 방법은 세 가지를 바꾸면 된다는 의미다. 여기

---

12)   유영만, 『이런 사람 만나지 마세요』, 나무생각, 2019.

서 인간관계에 해당되는 질문, 자주 만나는 사람이 누구인지를 봐도 "내가 만나는 사람이 곧 나"라는 말과 일맥상통한다. 주위를 둘러보라, 어떤 사람이 옆에 있는가?

내 몸을 만들어 주신 부모님의 사랑과 정성으로 내가 여기 잘 살아 있고, 내 영혼을 만들어 주신 컬러 부모님을 만나 더 성숙한 내가 되었다. 나를 컬러와 에너지의 세계로 발을 디디게 하신 이영좌 교수님과, 나를 컬러와 강의의 세계에 도전하게 한 안진희 대표님이 계신다. 어떤 것에 푹 빠지고 믿음을 가지는 것을 종교라 한다면 나는 컬러교라고 말하겠다. 모든 것을 다 받아주시고 하나라도 더 주시려는 따뜻한 그린의 이영좌 교수님이 컬러교의 엄마이고, 새로운 도전을 하게 해 주시고 믿어 주시는 골드의 안진희 대표님이 컬러교의 아빠이다. 독서 모임을 이끌어 주시며 책을 쓰게끔 도와주시는 유영만 교수님은 학교의 선생님이시다. 부모님과 선생님의 관계로 나는 어제보다 더 나은 내가 되고, 계속 성장한다.

나를 잃지 않고서도
남들과 어울리려면
개성을 가진 채로
조직 안에서 활동하려면

삶은 달걀이나

달걀찜이 되어서는 안 됩니다.
달걀프라이를 하듯이
하나로 이어진
하얀 바다 위에
노랗게 떠 있는
아르키펠라고처럼
살아야 합니다.

이어령의 『짧은 이야기, 긴 생각』[13] 속 '아르키펠라고의 달걀'에 나오는 말이다. 삶은 달걀, 달걀찜, 달걀프라이에서 인간관계의 3가지 유형을 본다. 달걀을 삶으면 달걀은 각각 개성을 유지하며 개인이 따로 있는 독립적 인간관계를 상징한다. 어울려도 함께 섞이지 않고 자기만의 개성을 유지한 채 일정한 거리를 두고 유지하는 관계다. 달걀을 풀어서 찌면 모든 것이 하나로 섞이는 달걀찜은 독립적 개체의 성품을 상실한다. 완전히 혼연일체가 되어 누가 누구인지를 알 수 없는 관계다. 마지막으로 달걀프라이는 노른자는 독립되어 있지만, 흰자위는 서로 구별 없이 하나로 붙어 있는 형상이 된다. 자신의 본분과 핵심은 뒤섞이지 않고 어깨동무를 하면서 함께 희망의 연대를 만들어 가는 관계다. 화이부동의 관계다. 어울리되 하나가 되지 않는 관계다. 가장 이상적인 관계는 아프키펠라고(군도)처럼 살라고 이어령은 이야기한다. 자

13) 이어령, 『짧은 이야기, 긴 생각』, 시공미디어, 2014.

유롭게 많은 사람과 어울리며 살아가지만 저마다의 고유한 개성을 유지하며 살아가라는 말이다.

　사람은 혼자지만 더불어 살아가는 사회적인 존재이기도 하고, 혼자 있고 싶기도 한 개인적인 존재이기도 하다. 혼자 있되 더불어 살아가며, 더불어 살아가되 혼자 있어야 독립적 개성을 유지하면서도 함께 살아가는 공동체를 만들어 갈 수 있다. 혼자 있는 시간에 고독을 벗삼아 자기 삶의 목적지를 향한 성숙의 시간을 보내고 더불어 살아가는 공동체적 삶에서는 함께 살아가지 않으면 안 되는 사회적 관계의 규율이나 규칙을 몸소 익혀야 한다. 사람이 사람으로 거듭나는 경우는 이미 살펴봤듯이 사람을 만나면서 성장하고 성숙할 때다. 가장 통렬한 아픔과 상처를 주는 것도 사람이고 살아가는 가장 소중한 기쁨과 깨달음을 주는 것도 사람이다. 사람이 사람을 만나야 되는 궁극적인 이유다.

　　　　　　　　　　　　　　살피지 않으면 보살필 수 없다

05

바람이 분다,
관계가 핀다

바람이 부는 역경이 지난 뒤에야 끈끈한 관계의 꽃이 꽃핀다. 모난 돌이 바닷물에 부대끼며 둥글둥글한 몽돌이 되듯이 사람도 모난 사람끼리 만나서 상처를 주고받으면서 애달픈 사랑을 매개로 아름다운 인간관계가 맺어진다. 풀과 나무도 바람에 심하게 흔들려야 뿌리까지 뽑히지 않고 깊이 뿌리를 내리듯, 인간관계도 여러 가지 힘든 일을 겪으면서 이전과 다른 튼실한 관계의 뿌리가 뿌리깊이 내려서 뿌리치지 못하며 서로 존중해 주는 새로운 역사를 맞이한다. 나의 인간관계 역사에도 바람이 불어야 꽃이 피고 모두가 열망하는 열매가 맺힌다. 이전과 다른 인간관계는 극심한 혼란과 갈등, 충돌과 긴장 속에서도 소통하고 공감대를 형성하려는 노력을 통해서 새롭게 재형성된다. 단군신화에 나오는 이야기도 새로운 관계가 태어나기 전에 극심한 혼돈이 있었지만 결정적인 계기로 인해서 인간관계에도 새로운 신화창조가 시작되는 이야기다.

단군신화에서 배우는 변신의 기술,
음식에서 그 답을 찾다

단군신화를 기억할 것이다. 옛날에 환인(桓因)의 서자 환웅(桓雄)이 천하에 자주 뜻을 두어 인간 세상을 구하고자 하였다. 아버지가 아들의 뜻을 알고 삼위태백(三危太伯)을 내려다보니 인간을 널리 이롭게(弘益人間)할 만한지라, 이에 천부인(天符印) 3개를 주며 가서 다스리게 하였다. 환웅이 무리 3천을 이끌고 태백산(太白山) 꼭대기 신단수(神壇樹) 밑에 내려와 여기를 신시(神市)라고 하니 이로부터 환웅천왕이라 불렀다. 풍백(風伯), 우사(雨師), 운사(雲師)를 거느리고 곡(穀), 명(命), 병(病), 형(刑), 선(善), 악(惡) 등 무릇 인간의 3백 60여 가지의 일을 주관하고 인간 세상에 살며 다스리고 교화하였다.

이때 곰 한 마리와 호랑이 한 마리가 같은 굴에서 살면서 항상 신웅(환웅)에게 빌기를, "원컨대 (모습이) 변화하여 사람이 되었으면 합니다."라고 하였다. 이에 신웅이 신령스러운 쑥 한 타래와 마늘 20개를 주면서 이르기를 "너희들이 이것을 먹고 백 일 동안 햇빛을 보지 아니하면 곧 사람이 될 것이다."라고 하였다.

곰과 호랑이가 이것을 받아서 먹고 기(忌)하였는데 삼칠일(三七日: 21일) 만에 곰은 여자의 몸이 되었으나 범은 기하지 않아 사람이 되지 못하였다 전해지고, 웅녀(熊女)는 그와 혼인할 사람이 없었으므로 항상 신단수 아래서 아이를 가지기를 빌었다. 이에 환웅이 이에 잠시 (사람으로) 변해 결혼하여 임신을 했다. 웅녀는 출산한 아들의 이름을 단군왕검(檀君王儉)이라 하였다.

-『삼국유사』[14] (三國遺事) 기이(紀異) 제1편

곰과 호랑이가 동굴에서 마늘과 쑥을 100일 동안 먹었는데, 호랑이는 도중에 포기하고 곰은 끈기 있게 참아 내어 여인이 되어 환웅과 결혼하여 단군을 낳아 고조선을 이뤘다는 건국신화이다. 이 신화를 통해 고조선 사회는 홍익인간의 이념을 바탕으로 하여 국가를 건국하였고, 애니미즘과 토테미즘의 신앙을 가진 농경 사회였음을 알 수 있다고 배웠다. 그리고 '곰'의 선택적 의미는 호랑이와 곰의 경쟁은 투쟁이 아니라 시간을 기다리며 참는 데에 있고, 따라서 영웅성보다는 덕성(德性)을 상위의 가치(價値)로 두었다는 의미로 볼 수 있다고 했다. 나는 여기에서 곰이 여자가 되는 마법 같은 이야기에 관심이 간다. 곰은 왜 사람이 되고 싶었을까? 그 곰은 곰이지 않고 왜 사람을 꿈꾼 것인가? 한 상황에서 어떤 선택을 하는지에 따라 전혀 다른 인간으로 거듭나는 과정을 단군신화에서 엿볼 수 있다. 인간관계도 관계 속에서 일어나는 어떤 대화를 주고받으며, 그걸 어떤 방식으로 소화시키는지에 따라 전혀 다른 관계로 거듭날 수 있다.

---

14)   일연, 김원중 역, 『삼국유사』, 민음사, 2008.

내가 먹은 음식이
나를 만드는 약이다

한의원에서 일할 때 '식약동원(食藥同源)'이라는 철학을 신념처럼 믿었다. 식약동원은 '음식은 약과 그 뿌리가 같다.'라는 의미다. 곧 "음식이 약이다(Food is Medicine)." 음식을 먹고 믿는 "마음이 약이다(Mind is Medicine)." 단군신화는 음식이 어떻게 우리 몸에 작용하는지 보여 주는 이야기의 시초가 아닐까 한다. 음식과 음식에 대한 믿음이 동물을 사람으로 변하게 했다고 생각한다. 곰은 인내를 가지고 지키면 반드시 사람으로 될 것이라고 믿었을 것이고, 호랑이는 아마도 눈에 보이는 변화가 없었기에 참기 힘들어서 의심을 했을 것이다. 같은 음식을 먹고도 효과가 다른 것은 마음 문제다.

우리 곰과 호랑이에겐 시간이 충분했고, 명분도 분명했다. 100일이면 세포 재생이 충분히 가능한 시간이다. 그것도 장소가 동굴이었다면 암반수에 해풍이 불어와서 단식의 최적 장소가 되지 않았을까. 단식을 통해 대장 비우고 담즙을 빼내어 온 몸의 해독작용을 했고, 쑥과 마늘은 몸에 엽록소의 세포 재생 역할을 했을 것이다. 상상을 해 보면 곰의 유전자가 사람의 유전자로 바뀐다는 것은 선을 넘은 이야기 같지만, 어찌 보면 생체 내 유전자가 변형되어 사람이 바뀔 수도 있을 법하다. 마늘과 쑥은 몸의 정화와 해독과 세포 재생에 꼭 필요한 것임을 우리 선조들은 알고 있었던 것이다. 대학원에서 후천적 유전학을 배웠었다. 여왕벌이 태어나면서부터 여왕의 DNA를 타고 난 줄 알았는데, 똑같은 벌에서 한 마리를 따로 떼어 놓고 로얄젤리를 먹여서 여왕으로 키웠다고 한다.

　범띠인 나는 의지가 약하고 의심이 많아 아직 사람이 덜 되었을까? 인생에서 한 번쯤은 곰에서 여자가 되는 과정을 경험해 보는 것이 새롭게 태어나는 방법 중 하나일 것이다. 일 년에 한 번씩은 다시 태어나도 좋을 듯하다. 그런 의미에서 생일날은 잘 먹을 것이 아니라 단식을 해야 할지도 모른다. 먹방의 귀재들은 듣기 싫어하는 이야기겠지만 취식보다 단식을 어떻게 하느냐가 건강을 회복하는 중요한 관건이 된다. 또한 사람의 일생은 끊임없이 많은 과정을 거친다. 중요한 단계를 통과할 때는 반드시 시련과 고통이 따른다는 것이 통과의례다. 사춘기와 갱년기처럼. 쑥, 마늘, 어두운 동굴은 이런 통과의례의 과정을 통해 새 생명을 얻는다는 것을 말하는 것이 아닐까?

　곰이 사람이 되는 시간, 100일, 그 의미는 세포가 재생해서 새 몸이 되는 시간 같다. 한 가지 습관을 들이는 데도 100일이 걸린다. 대뇌세포에 뻗어 있는 수상돌기가 자극이나 흥분에 의해 다른 뇌세포와 연결되고, 축색 주변의 수초라는 지방막까지 퍼지는 데 3개월 정도가 걸린다. 뇌세포의 네트워크가 완성되면 행동으로 습관을 만들 수 있다. 3개월마다 세포가 재생해서 새로운 몸이 된 것 같지만 세포가 재생되면서 그 파동도 전사된다고 한다. 그러면 우리가 DNA가 바뀌어도 생각과 감정이 매번 똑같이 반복되거나 같다면 그 세포가 그 세포인 것이다. 진짜 변신의 기술은 먹는 음식으로 후생적으로 바꾸는 기술 포함해서 에너지(생각, 감정) 또한 우리가 마음먹는 것에 따라 달라짐을 사소하게 생각해서는 안 될 것이다.

음식을 먹는 것, 마음을 먹는 것, 어느 하나 중요하지 않은 것이 없다. 이왕이면 나에게 맞는 음식과 좋은 마음을 먹어보자. 변신을 하면 사람이 되고, 환웅 같은 좋은 사람을 만나고 싶고, 더 좋게 살아가고 싶지 않을까? 더 좋은 곳을 바라보게 될 것 같다. 바라보면 다가올 것 같다. 다가오면 내가 좋은 사람이다.

신화에서도 이야기한다. 바꿀 수 있는 것은 본인뿐이라는 것을. 자신이 원하는 것이 있다면 타인을 바꾸는 것이 아니라, 상황이 바뀌기를 기다리는 것이 아니라, 자신을 바꾸는 것이다. 그래야 새로운 신화창조가 일어난다. 기적이란 것은 내가 믿는 것이다. 내가 바뀔 수 있다는 것을 믿는 것이다. 바꾸고 싶다는 말은 아마도 안 바뀔 것이라는 다른 말일 것이다. 바뀐다는 것은 내가 의도를 내어서 곧 그렇게 된다는 믿음이다. 음식으로 변신의 기술을 풀어 봤지만 결국은 마음을 먹는 것이 시작이다.

절벽 가까이로 부르셔서

절벽 가까이로
나를 부르셔서 다가갔습니다.
절벽 끝에 더 가까이 오라고 하셔서
더 가까이 다가갔습니다.

그랬더니 절벽에
겨우 발을 붙이고 서 있는 나를
절벽 아래로
밀어 버리시는 것이었습니다.

물론 나는
그 절벽 아래로 떨어졌습니다.
그런데 나는 그때서야 비로서 알았습니다.
내가 날 수 있다는 사실을

로버트 슐러의 시다. 나는 떨어지는 것이 두려웠고 실수할까 봐 시작
도 못 하였다. 내가 가진 능력을 믿지 못하였고, 나의 발목을 잡는 사
람은 나였다. 지금까지 머리로 산 삶이라면 이제부터 가슴으로 살아야
겠다. 온몸으로 살아야겠다. 다른 사람의 경험을 넘어선 나의 경험으
로 다시 내 인생을 써야겠다는 생각이 든다.

동일한 현실도 해석에 따라
전혀 다르게 다가온다

2년 전 타로를 배운 적이 있다. 타로 또한 자신의 마음을 바라보는 시각적 도구라고 할 수 있다. 보이지 않는 마음을 시각적으로 바라보고 자신의 내면과 삶의 관계들을 이해하고 자각하는 도구다. 나는 타로를 점처럼 맞추는 것에 포인트가 있지 않고 자각의 도구로 사용한다. 직장 후배가 남자친구와 지나가다가 타로를 봤단다. 그런데 참 기분이 나쁘다고 했다. 이유인, 즉 탑에서 사람들이 떨어지는 카드를 뽑았는데 뭔가 안 좋아 보이는 그림이라고 했다. 다 잃어버릴 것 같다고 했다. 다시는 타로를 보지 않겠단다.

도구가 잘못된 것이 아니라 그것을 안내하는 사람이 초짜겠지 하는 생각이 들었다. 보이는 대로가 진실일까? 각자의 이슈들이 카드가 건드려 주는 것이 아닐까? 그래서 난 올라오는 감정들이 고맙다. 내 상태를 보여 주니까. 지금까지 내가 쌓아 온 탑이 무너지는 것은 고통스럽다. 무너지고 떨어질 때, 삶이 변화할 때 우리는 아프고 슬퍼한다. 정말 변화를 원하면서도 변화가 두렵다. 두렵고 아플수록 더 헤어나기 힘들다. 그러나 충격받고, 큰 변화 겪고 경험할 때 새로운 길이 보인다. 그 무너지는 고통(다른 이유에서는 선물)을 통해 자신에 대해 배워야 할 것이 무엇인지 살피고 자각해야 한다. 고통이 지금 이 시점에서 나에게 다가온 이유를 자각하는 과정이 생략된 상담이었기에 마냥 그 그림이 부정적이라 싫었을 것이다. 고통이 지금 이 시점에서 왜 나에게 다가오는지를 깨닫는다면 걸림돌로 디딤돌로 바뀔 수 있다.

'이 남자와 결혼할 수 있을까?' 하고 타로를 본다면 그 질문이 왜 생겼는지를 먼저 본다. 내가 이런 마음이 왜 생겼을까 하고 그 마음을 카드로 해석해 본다. 마음 깊은 곳에 잠자고 있는 무의식, 의식에 들어가서 그 밑에 깔린 신념들을 타로에서 보게 된다. 그런 의미에서 나를 보는 하나의 자각의 도구가 타로인 것은 분명하다. 점을 보는 것처럼 "결혼하겠네." 혹은 "헤어져야겠다."라는 말을 듣고자 하는 것이 아니라 가려져 못 보던 나의 운명사적인 일을 정확하게 보고 내가 결정하는 것이다.

내가 가장 감명 깊었던 타로 그림은 '바보 '카드였다. 그 그림을 보는데 사람이 절벽 위에 서서 위를 보고 이상을 좇느라 발아래를 보지 못한다는 느낌이 올라와서 불편하고 불안했다. 미래는 오로지 현재 위에서 펼쳐지는 법, 지금 여기가 있어야 내일 거기에 도달할 수 있다는 평범한 진리를 우리는 종종 망각하고 살아간다. 현재 없는 미래를 끌어당겨 미리 생각하는 것은 공상이나 허상, 망상이나 몽상에 가깝다.

카드에서 바라보는 눈은 멀리 이상을 좇고 있고, 환한 의식에서는 발을 딛고 나아갈 것 같은데, 발아래 현실 영역에서는 불안해 보인다. 타로 배울 때 질문 시간으로 자각에 도움이 되었다. 위를 보고 환하게 좇아가는데 왜 불안한가요? 발아래가 절벽이라서. 절벽 아래는 뭐가 있나요? 깊은 고랑에 물이 흐른다. 어떤 물인가요? 인적 한번 없었던 고유한 태곳적 물이다. 태곳적 물은 생명이요, 나의 근원인데 왜 불안한가요? 떨어짐에 대한 불안이다. 왜 떨어지면 안 되나? 떨어지는 것은 실패와 연결되니까. 실패하면 안 되나요? 실패가 두려워 시도하지 않으려는 마음 느낌. 실패가 있어서 지금이 있지 않나요? 실패와 성공의 구별이 아니라 모두 나의 경험치라면 어떤가요? 실패의 경험치가 하나도 없는 사람이 성공의 자리에서의 모습은 어떨까요? 거만할 것 같았다. 생각의 자각이 일어나고 더 이상 실패가 실패로 느껴지지 않았고 떨어지는 것이 두렵지 않았다.

나는 그 순간 타로 그림을 보면서 상상으로 그 절벽에서 뛰어내렸다.

살피지 않으면 보살필 수 없다

굉장히 경솔해 보이기도 하고, 어리석게 느껴질 수도 있겠지만 그 순간, 나는 나를 느꼈다. 내가 어디로 떨어지든, 어디에 있든 나는 나와 함께 있었다. 어떤 상황에서도 내가 내 편이 되어 믿어 준다면 어떤 일이 벌어질지는 아무도 모른다. 나와 함께 한다면 두려울 것이 무엇이겠는가? 어떤 사람은 '바보' 카드를 뽑으면 기분이 나쁘다고 했다. 자신이 바보가 된 느낌이라고 했다. 얘기를 해 가면서 그 사람이 말하는 바보란 타인에게 퍼 주는데 돌려받지 못하고 주고받음에 있어 균형이 맞지 않는 것이었다. 한마디로, 호구라는 것이다. 그러나 표현이 바보라고 되어 있지만 사실은 순수한 자아다. 그냥 자기 자신이다. 그 자신을 어떻게 보느냐가 그림과 스토리 속에서 나온다. 타로 여행의 시작점, 바보 카드는 0번 카드다.

모든 숫자에 숫자 0을 곱하면 0만 나온다. 무엇이든 되돌릴 수 있다. 무엇인가 다시 시작하고 싶은 욕구를 가지고 있고, 모험 정신을 맘속에 담고 있었다면 이 카드를 많이 뽑게 된다. 다소 무모하게 보일지라도 자신을 믿고 새로운 상황을 만들고 뛰어들어 보라는 뜻이다. 모험과 경험으로 가득한 삶의 강물이 기다리고 있다.

06

관계를 만들어라,
그러나 관계를 바꾸지 마라

포르쉐(Porsche) 자동차 디자인의 슬로건은 "Change it, but Don't Change it!"이다. 모든 것을 다 바꿔라, 그러나 바꾸지 말라는 말인데 이게 말이 되는 것인가? 무엇을 바꾸고 무엇을 바꾸지 말 것인가? 변화시켜야 될 것과 변화시키지 말아야 될 것은 무엇인가? 디자인이 항상 바뀌어야 하지만 결코 바뀌지 말아야 할 포르쉐만의 스타일이지 않을까?

에르메스(Hermes)의 모토는 "Everything changes, but nothing changes!"이다. 모든 것은 변한다. 그러나 근본은 변하지 않는다. 우주에서 유일하게 변하지 않는 것이 있다면 그것은 변한다는 사실 바로 그 자체다. 매년 디자인을 바꾸고 스타일을 바꾸지만 멀리서 봐도 저건 에르메스라는 걸 사람들이 감지하는 이유는 무엇인가. 아마도 외형은 바뀌어도 에르메스의 고유한 DNA와 에르메스가 추구하는 가치는 변하지 않는다는 것을 강조하기 때문일 것이다.

살피지 않으면 보살필 수 없다

앱솔루트(Absolut) 보드카의 모토는 "Never different, but always changing!"이다. 결코 달라지지는 않겠지만, 늘 변화한다. 보드카의 고유한 맛과 독특한 풍미는 결코 변하지 않지만 보드카의 외형적인 모습이나 디자인은 늘 변한다. 변하지만 여전히 변하지 않는 게 보드카의 고유한 스타일이다.

프로쉐, 에르메스, 그리고 앱솔루트 보드카가 추구하는 기업 가치와 마찬가지로 인간관계에서 바꿔야 하지만 결코 바꾸지 말아야 할 철칙이 있다. 우리는 사람을 만나 인간관계를 끊임없이 만들고 만든 인간관계 속에서 서로가 믿고 신뢰하기도 하지만 작은 실수나 오해로 인간관계에 금이 가는 경우도 있다. 인간관계를 끊임없이 바꿔 나가지만 결코 인간관계에서 바꾸지 말아야 할 제1원칙은 무엇인가? 사람마다 다르게 생각하고 판단하겠지만 예를 들면 자신이 하고 싶은 말을 일방적으로 주장하기보다 상대방의 이야기를 주의 깊게 경청하라는 조언이다. 소통의 기본 원칙은 말을 잘하는 입담의 달인보다 남의 이야기를 귀담아 잘 들어주는 '귀명창'에 중심을 두고 있다. 이처럼 인간관계는 살아가면서 계속 바뀌지만 그럼에도 불구하고 결코 바꾸지 말아야 할 인간관계의 아름다운 미덕을 우리는 꾸준히 만들어 나가고 가꾸어 나가야 한다.

기술이 발전하고 세월이 변해도 인간관계에는 변하지 않는 황금률이나 철칙은 있다. 내가 먼저 귀담아들으면서 상대방의 대화에 함부로

끼어들지 말아야 한다는 원칙이 바로 이런 황금률에 해당된다. 상대방의 입장을 잘 이해하지 못한 상태에서 함부로 속단해서 자기주장을 일방적으로 이야기하는 순간 오해가 싹이 트고 인간관계에 벽이 생기기 시작한다. 사람은 사람을 만나면서 성장한다는 가정, 만남이 인간적 운명을 바꿀 수도 있을 만큼 중대 사건이 될 수 있다는 점, 인간은 인간관계의 산물이라서 인간이 바뀌려면 인간관계를 바꿔야 한다는 점 등은 세월이 흘러도 영원히 변하지 않는 만고불변의 진리다. 모든 걸 바꿔도 절대로 바꾸지 말아야 하고 바뀌어서는 절대로 되지 않는 황금률을 잘 배우고 익힌다면 보다 바람직한 인간관계의 싹이 자랄 수 있다.

간호업의 본질은 관계업이다. 간호사는 무슨 일을 하고 있나? 나는 간호를 한다. 병원에서 '간호사'로 일하고 있다. 간호사로 일한다는 의미는 무엇인가? 환자를 간호한다는 게 어떤 일을 하는 것인가? 간호업의 본질은 우선 치료를 담당하는 의사와 의사의 치료를 감당하는 환자 사이에서 다리를 놓는 데 있다고 생각한다. 나는 다양한 직종이 존재하는 병원에서 저마다의 전문 분야별 의사와 환자와 보호자 사이에 원만한 관계가 맺어져서 의사소통이 잘 될 수 있도록 사이를 잇는 '사이 전문가'[15]다. 『브리꼴레르』라는 책을 쓴 유영만 교수에 따르면 사이 전문가는 전문가와 전문가 사이에 존재하는 차이를 존중하고 배려하

---

15)   유영만(2017). 『브리꼴레르』. 서울: 쌤앤파커스

면서 자신이 갖고 있지 않은 다른 전문성을 나의 전문성과 융합, 새로운 지식을 끊임없이 창조하는 사람이다. 이런 사이 전문가는 깊이만 파다가 자기가 판 우물에 매몰되는 기존 전문가의 치명적인 약점을 극복하고 수많은 전문가와 전문가 사이의 새로운 관계를 형성함으로써 한 가지 분야의 전문성만으로는 해결할 수 없는 복잡한 문제를 함께 해결하려는 의도가 깔려 있다.

간호업도 우선 의사와 긴밀한 상호작용을 하면서 의사의 의중을 읽고 의사가 환자에게 처방하는 각종 약과 치료가 보다 효과적으로 작용할 수 있도록 정성을 다해 돌보는 일이다. 의사가 과학적이고 논리적이며 처방적이라면 간호사는 과학적이고 논리적인 지식 기반 치료와 처방이 환자에게 잘 받아들여질 수 있도록 보다 인간적인 측면에서 환자를 돌보고 보살피는 일을 한다. 간호사는 또한 환자의 보호자와 긴밀한 소통을 하면서 다리를 놓는 사이 전문가다. 환자의 보호자가 의사와 직접 소통을 하면서 환자에 관한 정확한 정보를 얻고 안심하기보다 간호사와 인간적으로 교감하면서 의사가 권해 준 환자에 대한 각종 지침과 주의사항을 보다 친절하게 설명하고 이해시키는 일을 해야 한다. 보호자는 그래서 의사보다 간호사의 애정과 관심이 담긴 한 마디에 감동받고 눈물을 흘리는 경우가 발생한다. 간호사는 이처럼 의사와 환자와 그리고 환자 보호자 사이를 오고 가면서 환자가 가장 편안한 상태에서 치료받을 수 있도록 정성을 다해 돌보는 사이 전문가이자 관계 테라피스트다.

07

빨강 머리 앤이
초록 지붕 아래에서 빛이 되다

"주근깨 빼빼 마른 빨강 머리 앤, 예쁘지는 않지만 사랑스러워." 어릴 적 부르던 노래다. 80~90년대에는 모든 소녀가 빨간 머리 앤을 좋아했다고 해도 과장이 아니다. 앤의 풍부한 상상력과 밝은 성격, 수다스러움은 매력적이고 몰입하게 만들고, 엉뚱한 앤이 일으키는 사건 사고들은 감동과 재미를 더했다. 내가 앤이 되기도 하고 앤이 내 친구가 되기도 하고 함께 꿈과 사랑을 키웠다.

빨강머리 앤도 다른 컬러와 더불어 살아간
인간관계의 산물이다

저자 몽고메리는 컬러의 에너지를 아는 사람 같다. 왜 앤은 빨간 머리였을까? 앤을 받아 준 집이 초록색 지붕이라는 설정도 신기하다. 빨

살피지 않으면 보살필 수 없다

강 머리는 세계 인구의 1~2% 차지하는 희귀한 편이다. 서양에서는 빨간 머리에 부정적인 인상이 많다. 불같은 성격에 참을성 없는 면이 부각되기도 한다. 앤도 외모 콤플렉스가 컸고, 특히나 빨강 머리에 대한 스트레스를 많이 받았다. 홍당무라고 놀린 길버트를 석판으로 머리를 내리친 적도 있고, 빨간 머리에 염색을 잘못해서 엉망이 되어 머리카락을 다 잘라 내는 경험도 했다. 자신의 열등감을 바꾸려고 하거나 잘라 버리려고 하면 할수록 더 엉키게 된다. 앤은 그래도 길고 숱도 많고 곱슬한 자신의 머리를 있는 그대로 받아들인다. 그 이후에는 빨간 머리 앤은 빨간 머리일 뿐 부족한 아이가 아니다. 열등감과 화가 많은 앤이 초록색 지붕 집에서 인정과 안정을 찾고 본래의 사랑스럽고 열정적이고 모험적인 에너지를 찾는다. 빨강과 초록이 보색이며 이 둘이 합치면 하얀빛이 되는 원리가 보이며, 빨강의 그림자를 빛으로 확장하는 스토리를 목격했다.

앤의 빛나는 삶은 자기답게 살기 때문이다. 어떠한 어려움과 굴곡에도 희망찬 관점으로 세상을 바라볼 수 있는 긍정성이다. "퀸스를 졸업할 땐 미래가 곧은길처럼 제 앞에 뻗어 있는 것 같았어요. 그 길을 따라가면 중요한 이정표들을 만날 것 같았죠. 그런데 걷다 보니 길모퉁이에 이르렀어요. 모퉁이를 돌면 뭐가 있을지 모르지만, 전 가장 좋은 게 있다고 믿을래요. 길모퉁이에도 나름의 매력이 있어요. 모퉁이 너머 길이 어디로 향하는지 궁금하거든요. 어떤 초록빛 영광과 다채로운 빛과 그림자가 기다릴지, 어떤 새로운 풍경이 펼쳐질지, 어떤 새로운 아름다움과 마주칠지, 어떤 굽잇길과 언덕과 계곡들이 나타날지 말이에요."[16] 아직 살아 보지 못한 미지의 세계를 맞이하는 설렘이 없다면 내일은 고통스러운 미래일 뿐이다. 하지만 빨강 머리 앤이 그랬듯이 모퉁이 너머에 이제껏 경험해 보지 못한 새로운 가능성이 꿈틀거리고 있다. 비록 두려움으로 채색된 어두운 현실이지만 두려움 너머 어떤 영광과 환희의 빛과 마주칠지 아무도 모른다. 모르기 때문에 더 겸손한 자세로 이전과 다른 노력을 반복해야 되는 이유다.

한 아이를 키우려면 온 마을이 필요하다는 옛말이 있다. 요즘은 한 아이를 키우려면 핸드폰이 필요하다로 바뀔지도 모르겠다. 그러나 AI 시대라도 사람은 사람이 키운다. 관계 속에서 커나간다는 말이다. 초록색 지붕 아래에서 빨강머리 앤만 자란 것이 아니라 주변의 어른들 역시 함께 성장했다. 항상 엄숙하고 냉정하던 마릴라 아줌마는 앤의 등장으로 잠재되어 있던 유머 감각을 일깨우고 수다의 즐거움을 깨닫고 웃음을 찾게 된다. 매튜 아저씨는 무뚝뚝한 성향이지만 앤에게 무한한 따뜻한 지지자의 모습을 보이고 앤에게서 표현하는 사랑을 배운다. 나도 그렇다. 여러 사람과의 관계 속에서 윤정이가 컸다. 나의 천방지축 달려드는 레드의 성향에 부모님은 안전한 그린의 길을 내어 주셨고, 나밖에 몰랐을 오렌지 성향에 사 남매가 함께하는 즐거움을 나누었고, 레드가 직진하다가 지칠 때면 선생님들이 믿고 지지해 주었고,

---

16)   루시 모드 몽고메리, 박혜원 역, 『빨강 머리 앤』, 더모던, 2019, 518쪽.

혼자서는 무서워서 가지 못했을 핑크 성향에 친구들이 함께 걸어 주었다. 내가 나만의 것이 아닌 이유고, 나의 빛나는 삶은 나와 관계하는 모든 사람과 공동 명의다.

모든 인간은 인간관계 없이 진공관에서 태어나지 않았다. 인간관계라는 글자를 유심히 바라보자. 인간은 인간이 맺어 가는 인간관계의 사회역사적 합작품이라는 걸 금방 알아챌 수 있다. 인간관계를 줄여보면 인간(人間)이 되어도 여전히 인간(人間)은 사람(人)과 사람(人) 사이(間)에서 태어난 사회역사적 산물이다. 빨강 머리도 있고 검은 머리도 있으며 흰 머리도 있고 노란 머리도 있다. 인간은 저마다의 컬러로 자기답게 살아가면서 자기다움으로 아름다움을 완성해 나가는 영원한 미완성이다. 인간관계는 죽을 때까지 인간이 인간을 만나는 관계 속에서 부단히 배우고 익히며 실천하는 가운데 어제와 다른 변화된 모습을 통해서 느끼고 자각하는 관계다. 영원한 미완성이라서 아직도 더 배워서 익혀야 할 부분이 남아 있다는 희망의 싹이 트는 것이다. 오늘보다 더 나은 사람이 되어 오늘보다 더 나은 인간관계를 함께 만들어 갈 때 행복도 더불어 향유되는 것이다.

삶을 산다는 것은 온몸을 던지는 것이다

용감한 단추

감공재

단추가
단추 구멍에
모가지를 걸었다

붙들고 싶은 게 생기면
다 걸어야 한다
그렇게 배웠다

내가 붙들었던 것은, 아니 붙들린 것은 사람들과의 복잡한 인간관계였다. 복잡한 인간관계를 풀기 위해 내가 맺고 있는 나와의 관계부터 질문하기 시작했다. 내가 얽혀 있는 나와의 관계를 정리하고 목숨을 걸고 풀어내지 않고서는 모든 인간관계는 꼬여 있기 마련이다. 진정한 나는 누구인지, 남의 눈치 보지 않고 시류에 흔들리지 않고 중심을 잡고 있는 나는 누구인지를 붙들기 위해 내 모가지를 걸었다. 목숨을 걸고 나를 걸었더니 드디어 보였다. 내가 붙들고 싶은 것이 무엇인지가 보이기 시작했고, 내가 붙들려 있는 것도 서서히 보이기 시작했다. 피상적인 내가 온전한 나로 거듭나니 비로소 나의 진면목이 세상을 향해 고개를 들기 시작했다. 그 세상에서 나는 내가 원하는 내가 되어 가고 있음을 발견했다. 내가 진정 원하는 모습을 서서히 찾아 가면서 셔츠에 걸린 단추도 이제 한몸이 되어 단추인지 셔츠인지 구분하기 힘들 정도로 비로소 내 몸을 나답게 드러내는 진정한 나를 발견할 수 있었다. 나를 찾아가는 과정에서 만난 간호사로서 최선을 다하는 모습을 보이지만 간호사 이전에 인간으로서의 오윤정을 조금이나마 찾아낼 수 있었다. 이제 간호사이기 이전에 살고 싶은 하나의 인간이 되었다. 그 한 사람의 인간은 세상을 향해 나를 부르짖는 용감한 작가가 되었다.

이제 비로소 내가 되고, 타인이 되고, 우리가 되는 과정이 보인다. 내가 살아오면서 보고 느끼며 배운 인간다운 삶에 대해 정리를 하는 과정에서 내가 무엇을 원하는지 알게 되었고, 어떻게 해야 가장 행복한 삶을 영위할 수 있을지가 보이기 시작했다. 오리무중이었던 내 삶이 조금씩 오색찬란하게 빛나기 시작한 느낌이다. 나는 지금까지 삶의 관찰자로 살아왔다. 시시각각 변하면서도 늘 에너지의 원동력으로 작용하는 생각과 감정을 관찰함으로써 시류에 휘둘리지 않고 내가 중심이 되어 똑바로 설 수 있다. 스스로 포기하지 않는 한, 그 누구도 실패하지 않는다. 실패는 넘어지는 게 아니라 넘어지고 나서 일어나지 않는 것이다. 산다는 것은 넘어지고 자빠지지만 다시 일어서서 앞으로 걸어가는 과정이다. 거기서 또 배우고 어제와 다른 나로 거듭나면서 나만의 컬러를 찾아 나답게 살아가는 것이다.

책 쓰기는 나를 다시 알아 가는, 나다움을 드러내는 과정이었다. 롤랑 바르트가 말했듯이 그 누구의 삶으로도 설명이 되지 않는 나만의 삶을 불멸의 예술 작품으로 남기는 과정이 책 쓰기다. 내 인생의 흩어졌던 점들을 이어 주는 작업이었다. 책을 쓴다는 것은 지금까지와 다른 삶을 살겠다고 결심하는 과정이다. 정직하게 남은 삶을 살아야겠다는 깨달음과 결단이 책을 쓰게 만드는 원동력이다. 책을 마치면서 나는 지금까지의 삶과 다른, 지금부터라도 이전과 다르게 살아야겠다고 다짐하며 새롭게 다시 시작하는 느낌이다. 더 좋은 간호사가 되는 것을 꿈꾸게 한다.

내가 모든 걸 안다고 생각하면 경험하지 못한다. 인간관계에 대해서는 어느 것도 답이 될 수 없고, 무엇으로도 대신할 수 없다. 내가 쓴 인간관계는 내 삶으로 깨달은 나의 각성의 산물이지 누구의 관계로 일반화시켜서 생각하는 보편적인 진리가 될 수 없다. 내가 쓴 인간관계에 대한 깨달음은 그저 일리 있는 깨달음의 산물일 뿐이다. 나와 다른 관계 속에서 하루를 살아가는 사람에게는 작은 참고가 될 뿐이다. 우리 모두가 자신만의 관계를 써야 하는 이유다. 자신만의 컬러로 자기다운 삶으로 맺어 온 자기다운 인간관계의 깨달음은 또 다른 이유이기도 하다.

나의 하루를 어제와 다른 찬란한 빛으로 마무리하라. 인생의 청사진이 오늘 하루 속에서 춤추게 하라. 오늘 하루가 당신이 살고 싶었던 것을 만드는 첫 단추가 되게 하라. 그림자에 있더라도 기꺼이 수용하고 인정하라. 왜 이것밖에 못 했느냐가 아니라 잘 쉬었고 다음을 어떻게 할 것인가에 집중해라. 좌절도 습관이다. 나를 일으켜 세울 사람도, 용기를 줄 사람도, 밀어줄 사람도 나다. 나는 내가 키운다. 다른 옷을 입고 싶으면 이전과 다른 각오로 단추를 잠그듯, 이전과 다른 삶을 살고 싶으면 과감하게 다른 꿈을 품고 목숨을 걸어야 한다. 모가지를 걸어야 옷 입기가 완성되듯, 목숨을 걸고 나답게 사는 꿈을 실현해야 비로소 내가 다시 태어난다.

나와의 관계가 어느 정도 정립되고 나를 알고 나면 그다음은 타인이다. 내가 먼저 나를 사랑하는 사람이 되어야 다른 사람을 사랑하고 베푸는 삶에 집중할 수 있다. 미국 자기계발 프로그램 중 기억나는 장면이 있다. 무슨 연습인지는 기억나지 않지만 그 인상이 또렷이 남는 장면은 각국에서 모인 다양한 인종이 돌아다니면서 서로를 관찰하는 것이었다. 처음엔 어색하게 파란 눈을 쳐다보고, 금발 머리를 스쳐 지났다. 점점 자연스러워지면서 판단이나 분별없이 돌아다니는 사람들을 바라보게 되었다. 신기하게도 사람들이 우주의 행성들처럼 느껴져 저마다의 궤도에서 돌고 도는 느낌을 받았다. 저마다의 컬러로 자기 자리에서 가장 돋보이는 별이었다. 우리 모두는 저마다의 위치에서 자기다운 컬러로 가장 아름답게 빛나는 별이다. 책을 쓰면서 깨달은 각성이 어느 정도 정리되면서 인생을 통해 가장 행복한 순간을 맞이하는 듯했다. 세상에는 하늘의 별만큼이나 나와 다른 존재가 나와 더불어 살아간다. 나와 다르다는 이유만으로도 너무나 소중하기에 아무런 선입견이나 편견 없이 순수하게 바라보는 것은 경이로운 경험이었다. 나와 다른 사람을 만나 서로 대화하고 소통하며 맺은 인간관계를 돌아보는 시간은 그 어떤 여행과도 비교할 수 없는 경이로운 우주여행이었다.

앞으로 남은 인생, 진정한 나로 살아가도 시간이 부족하다. 나와 다른 사람과 이전과 다른 방식으로 맺어가는 인간관계가 나를 성장시키고 어제와 다른 아름다움을 가꾸게 도와준다. 나와 너의 관계를 넘어 우리가 되는 행복한 삶을 위한 여행을 계속하기 바란다.

삶은 여정이다. 우리가 삶을 살려고 온 것이지 뭔가 이루려고, 가지

살피지 않으면 보살필 수 없다

려고 오지 않았다. 잘 살아내자. 느끼고, 경험하고 그저 살아가자.

한 사람이

세상을 향해

출사표를 던졌다

책을 쓰고 싶다면

온몸을 던져야 한다.

그렇게 썼다.

용감한 작가

오윤정

내 삶에 사랑을 심어 준 한국 가족들, 미국 가족들에게 감사한다.

내 책에 영감을 불어 준 이영좌 교수님, 안진희 대표님께 감사한다.

내 길에 경험을 함께 할 병원 지인분들, 친척, 친구분들께 감사한다.

새로운 도전의 즐거움을 알게 해 주신 유영만 교수님께 감사한다.

지구별의 모든 존재에게 감사와 사랑을 바친다.